S.F.
V.

Michel Foucault, Rux Martin,
Luther H. Martin, William E. Paden,
Kenneth S. Rothwell, Huck Gutman,
Patrick H. Hutton

Technologien des Selbst

Herausgegeben von
Luther H. Martin, Huck Gutman
und Patrick H. Hutton

Aus dem Amerikanischen von
Michael Bischoff

S. Fischer

Die amerikanische Originalausgabe mit dem Titel
›Technologies of the Self‹ erschien 1988 bei
The University of Massachusetts Press, Amherst

Umschlaggestaltung: Buchholz/Hinsch/Walch
Satz: Wagner GmbH, Nördlingen
Druck und Einband: F. Spiegel Buch GmbH, Ulm
Printed in Germany 1993
ISBN 3-10-042608-8

Gedruckt auf chlor- und säurefreiem Papier

Inhalt

Einleitung der Herausgeber

Kurz vor seinem Tode im Jahre 1984 sprach Michel Foucault von der Idee zu einem neuen Buch, das von den »Technologien des Selbst« handeln sollte. Es sollte »verschiedene Studien über das Selbst enthalten (zum Beispiel einen Kommentar zu Platons *Alkibiades,* wo ja zum erstenmal der Begriff der *epimeleia heautou*, der ›Sorge um sich selbst‹, entfaltet wird), über die Rolle des Lesens und Schreibens bei der Herausbildung des Selbst [...] und so weiter«.[1] Der Plan, den Foucault im Sinne hatte, gründete auf einem Seminar über »Technologien des Selbst«, das im Herbst 1982 an der University of Vermont stattgefunden hatte. Der vorliegende Band ist eine partielle Aufzeichnung dieses Seminars.

Da Foucault starb, bevor er die Durchsicht seiner Beiträge abschließen konnte, legen wir hier deren sorgfältige Transkription sowie die Transkription eines gleichfalls an der University of Vermont gehaltenen öffentlichen Vortrags »The Political Technology of Individuals« (»Die politische Technologie der Individuen«) vor. Die Texte von Foucault haben den Status einer vorläufigen Ausformulierung eines neuen Forschungskonzepts. Wir publizieren diesen Band als Prolegomenon zu einem unvollendeten Projekt.

In vielerlei Hinsichten war Foucaults Vorhaben die logische Folge seiner mehr als fünfundzwanzig Jahre währenden historischen Studien zu Krankheit, Devianz, Kriminalität und Sexualität. In seinem gesamten Werk hatte er sich mit den Macht- und Herrschaftstechniken befaßt, die das Selbst zum Objekt machen: durch wissenschaftliche Forschung einerseits (*Les mots et les choses*, 1966; dt.: *Die Ordnung der Dinge*, 1971), durch »Praktiken des Teilens und Herrschens«, wie er es nannte, andererseits (*Histoire de la folie*, 1961; dt.: *Wahnsinn und Gesellschaft*, 1969; *La naissance de la Clinique*, 1963; dt.: *Die Geburt der Klinik*, 1973; *Surveiller et punir*, 1975; dt.: *Überwachen und Strafen*, 1976).[2] Um 1981 begann er sich zunehmend dafür zu interessieren, wie »ein menschliches Wesen zum Subjekt wird«.[3]

Foucault hatte das Problem des Selbst bereits im ersten Band seiner *Histoire de la sexualité (1976; dt.: Sexualität und Wahrheit. Der Wille zum Wissen*, 1977) ins Auge gefaßt, doch dort stand noch ganz die Objektivierung des Selbst durch »die immer höhere Bewertung des Diskurses über den Sex«[4] im Vordergrund. Sein neues Vorhaben bewegte sich auf einer anderen Bahn – »Ich muß gestehen«, sagte er einmal, »daß ich mich sehr viel mehr für Fragen der Selbsttechniken und solche Dinge interessiere als für den Sex. [...] Sex ist langweilig«[5] –, es sollte in genealogischer Weise darstellen, wie das Selbst *sich selbst* als Subjekt konstituiert hat.[6] In seinem Seminar an der University of Vermont begann er die Entschlüsselung jener Praktiken, durch die Individuen aus eigener Kraft oder mit Hilfe anderer auf ihren Körper, ihre Seele, ihr Denken, ihr Verhalten und ihre Existenzweise einwirken, um sich selbst zu verändern und einen Zustand der Vollkommenheit oder des Glücks zu erlangen.[7] In seinem abschließenden Vortrag charakterisierte Foucault sein Interesse am Selbst zusammenfassend als Alternative zu den traditionellen philosophischen Fragestellungen: Was ist die Welt? Was ist der Mensch? Was ist Wahrheit? Wie können wir etwas wissen? Und so weiter. In der Tradition von Fichte, Hegel, Nietzsche, Weber, Husserl und der Frankfurter Schule konzentrierte er seine Aufmerksamkeit auf das Problem, das seines Erachtens Ende des achtzehnten Jahrhunderts mit Kant aufkam: »Was sind wir gegenwärtig? Was sind wir heute?« – das heißt auf »das Feld der historischen Reflexion über uns selbst«.[8]

Nach Foucaults eigenem Bekunden verdankte er die Anregung zu diesem Blickwechsel der Lektüre von Christopher Lashs *The Culture of Narcissism* (1978) – die dort beschriebene Enttäuschung an der Moderne mit der daraus resultierenden Wendung nach innen schien ihm der Situation des Römischen Reiches zu ähneln. Foucault verließ sein bevorzugtes Forschungsterrain, das klassische Zeitalter, dem bis hin zu *Sexualität und Wahrheit* seine Arbeit und seine Neugier gegolten hatten, und suchte nach den Wurzeln des modernen Selbst-Konzeptes in der griechisch-römischen Philosophie des ersten und zweiten Jahrhunderts sowie in der christlichen Spiritualität des dritten und vierten Jahrhunderts – zwei unterschiedlichen Kontexten, zwischen denen er einen historischen Zusammenhang vermutete.

Foucaults Seminarvorträge rekonstruieren die Techniken, die der Herausbildung des Selbst dienen, von den frühen Griechen bis hinein in das christliche Zeitalter. Ihr Schwerpunkt liegt auf der Prüfung klassischer Texte, die Foucault in ihrer jeweiligen Originalsprache auslegt. Wie es für einen Großteil des Foucaultschen Werkes gilt, liegt die Bedeutung dieser Exegesen nicht allein in dem Beitrag, den sie zur speziellen Geschichte der betreffenden Zeit leisten, sondern auch in ihrem Beitrag zur Geschichte der Gegenwart – indem sie das Muttergestein unserer modernen Vorstellungen freilegen und es sichtbar machen.

Foucault hat Wert darauf gelegt, daß sein Seminar in einer Weise vonstatten ging, die der Zusammenarbeit weiten Raum ließ. Seine Begriffe von der historischen Konstitution des Selbst waren zwar außergewöhnlich klar, aber durchaus nicht voll entwickelt, und so schätzte er die Diskussion und sogar den Einspruch, die seine Ideen auslösten. Dieser Band enthält deshalb auch Referate von Teilnehmern der Veranstaltung: historische Analysen zu einzelnen Aspekten des gemeinsamen Seminarthemas.

Während Foucault im Seminar die Selbsttechniken aus der Sicht der ethischen Tradition des Westens erkundete, betrachtet Luther Martin die östlichen Technologien des Selbst, die in die westliche Tradition erst durch den Mönch Johannes Cassian Eingang fanden – er entdeckt ein Interesse an der »Sorge um sich selbst«, das von zentraler Bedeutung sowohl für die syrische Thomastradition, eine Frühform christlicher Gnosis, wie auch für den Westen ist, hier jedoch eher im Sinne eines Verbots als einer Verpflichtung.

William Paden vergleicht die von Cassian formulierten Techniken der Selbsterforschung mit denen der Puritaner in New England. Er kommt zu dem Schluß, daß es sich hier um zwei radikal verschiedene Auffassungen von Subjektivität handelt – auf der einen Seite die entschiedene Abkehr des Mönchs vom Selbst, gefolgt von einem Leben in Reinheit; auf der anderen Seite die implizite Anerkennung des Selbst durch die Puritaner, verbunden jedoch mit dem Verdacht, daß dieses Selbst auf Täuschung und Selbstbetrug aus sei.

Auch Kenneth Rothwell beschäftigt sich mit religiösen Techniken. Er lokalisiert *Hamlet* in dem historischen Augenblick, da die reformatorische Bewegung aufkam, und vermutet in Hamlets Verhaltensstil die Personifikation eines Wandels in den Selbsttechniken, der mit der Ersetzung früherer religiöser Praktiken durch die neuen Praktiken der Reformation übereinstimmt.

Huck Gutman untersucht Rousseaus *Bekenntnisse* und entdeckt darin ein neues, romantisches Verständnis des Selbst. Er konzentriert sich auf diverse Techniken – Bekenntnis, Abspaltung, Flucht ins Ideal –, die Rousseau einsetzt, um dieses neue Selbst zu formen und sichtbar zu machen. Gutman zeigt, daß diese Techniken für Rousseaus Zielsetzung letztlich nicht ausreichen und ihn nicht zur Konstitution, sondern zur Negation des Selbst führen.

Zum Abschluß des Seminars schien es sinnvoll, Foucaults Methode mit der von Sigmund Freud zu vergleichen, dessen psychoanalytisches Verfahren in unserem Jahrhundert weithin die Reflexion über die Psyche geprägt hat. Wie Patrick Hutton darlegt, ist Foucaults Entschlüsselung der Praktiken der Selbst-Begründung ein Gegenstück zu Freuds Versuch, der Natur des Selbst auf die Spur zu kommen. Die genealogische Erkundung alter Selbsttechniken eröffnet nicht nur eine neuartige Perspektive auf das Freudsche Werk, sondern enthüllt und bekräftigt auch eine innere Tendenz in Foucaults eigener, über fünfundzwanzig Jahre betriebener wissenschaftlicher Arbeit.

Eine Veranstaltung wie dieses Seminar hat keine Aussicht auf Erfolg, wenn es nicht auf die Unterstützung zahlreicher Menschen rechnen kann. Lattie F. Coor, Präsident der University of Vermont, hat die Geldmittel beschafft und bereitgestellt, die für die Finanzierung erforderlich waren. Sein Assistent Dr. Robert Stanfield half uns über viele Schwierigkeiten hinweg, als es darum ging, die Idee Wirklichkeit werden zu lassen.

Rux Martin, Schriftstellerin, besorgte die Transkription der Seminarbeiträge; zugleich steuerte sie ihr Interview mit Foucault bei, in dem er einige der emotionalen und intellektuellen Einflüsse auf sein Denken erläutert.

Einige Wissenschaftler haben die University of Vermont besucht, um Foucaults Werk zu kommentieren: Frank Lentricchia, Professor of Literature an der Duke University und Autor von *After the New Criticism*; Christopher Lash, Professor of History an der University of Rochester, Autor von *The Culture of Narcissism*; Allan Megill, Professor of History an der University of Iowa, Autor von *Prophets of Extremity: Nietzsche, Heidegger, Foucault, Derrida.*

Vor allem aber möchten wir den Mitgliedern unserer Universität danken, die an der Planung und Durchführung des Seminars mitwirkten. Viele Teilnehmer widmeten dem Projekt einen Großteil ihrer Zeit. Durch Lektüre und regelmäßige Diskussionen bereiteten sie sich auf Foucaults Auftritt vor. In den drei Wochen, die er auf dem Campus verbrachte, trafen sie sich zweimal wöchentlich zu Gesprächen, zusätzlich zum Seminar und zu den öffentlichen Veranstaltungen wie den Vorträgen von Lash, Megill und Foucault und der Vorführung des Films *Ich, Pierre Rivière...*, der eine intensive Debatte unter Foucaults Leitung folgte.

Michel Foucaults Kühnheit und rigorose Aufrichtigkeit bei der Suche nach Wissen sind bekannt. Seine Erscheinung indessen war anders, als man sie sich nach der Lektüre seiner Schriften vorstellte. Wer einen kühlen, strengen Gelehrten erwartet hatte, war überrascht von seinem feinsinnigen Humor. Obwohl ein gesuchter Vortragsredner, war er scheu und mußte gedrängt werden, auf öffentlichen Veranstaltungen das Podium zu betreten. Er mied »intellektuelle Cocktailparties«, wie er es nannte, aber er interessierte sich für das universitäre Leben und die akademischen Lehrinhalte, für die Politik in Burlington und das örtliche Geschehen. Er bewies eine außergewöhnliche Achtung vor dem, was Kinder dachten, und wenn er im Hause von Kollegen zu Gast war, verbrachte er einen Gutteil des Abends damit, den Kindern zuzuhören und mit ihnen über die Dinge zu sprechen, die sie bewegten. Am wohlsten fühlte er sich in der Gesellschaft von Studenten, mit denen er in den Vorlesungen, in der Bibliothek, in der Mensa zusammenkam. Wer ihm begegnete, dem fielen zuallererst seine Augen auf: durchdringend, fragend, voller Spannung. Wir werden seine Vitalität und Großzügigkeit nicht vergessen und niemals auch seinen Glauben an den Wert jeglicher Erfahrung. Dieses Buch ist seinem Andenken gewidmet.

Anmerkungen

1 Paul Rabinow und Hubert L. Dreyfus, »How We Behave: Interview with Michel Foucault«, in: *Vanity Fair*, November 1983, S. 62.

2 Michel Foucault, »The Subject and Power«, Nachwort in: Hubert L. Dreyfus und Paul Rabinow, *Michel Foucault: Beyond Structuralism and Hermeneutics*, Chicago 1982, S. 208.

3 Öffentlicher Vortrag während einer Konferenz über »Knowledge,

Power, History: The Hunanities as a Means and Object of Criticism« am Center for the Humanities der University of Southern California, Oktober 1981; veröffentlicht als erster Teil des Nachworts von Foucault in: Dreyfus und Rabinow, *Michel Foucault* ..., op. cit., S. 208 f.

4 Michel Foucault, *Histoire de la sexualité, 1: La volonté de savoir*, Paris 1976; dt.: *Sexualität und Wahrheit. Erster Band. Der Wille zum Wissen*, übers. von Ulrich Raulff und Walter Seitter, Frankfurt am Main 1977, S. 34; siehe auch S. 88 f.

5 Rabinow und Dreyfus, »How We Behave«, opt. cit., S. 62.

6 Siehe Michel Foucault, *Histoire de la sexualité, 2: L'usage des plaisirs*, Paris 1984; dt.: *Sexualität und Wahrheit. Zweiter Band. Der Gebrauch der Lüste*, übers. von Ulrich Raulff und Walter Seitter, Frankfurt am Main 1986, S. 19, wo Foucault sein ursprüngliches Projekt zur Geschichte der Sexualität als Teil einer »allgemeinen Geschichte der ›Selbsttechniken‹« bezeichnet.

7 Siehe im vorliegenden Band den Beitrag von Michel Foucault, »Technologien des Selbst«. Zu einigen Aspekten, dort jedoch noch im Kontext seiner Arbeit über die Sexualität, siehe Michel Foucault, *Histoire de la sexualité, 3: Le souci de soi*, Paris 1984; dt.: *Sexualität und Wahrheit. Dritter Band. Die Sorge um sich*, übers. von Ulrich Raulff und Walter Seitter, Frankfurt am Main 1986, S. 53–94.

8 Siehe dazu Immanuel Kant, »Was heißt Aufklärung?«, *Berliner Monatsschrift*, 1784, abgedruckt in: *Immanuel Kants Werke*, hg. von Ernst Cassirer, Band IV, Berlin 1922, S. 169–176; siehe auch Foucault, Nachwort in: Dreyfus und Rabinow, *Foucault,* op. cit., S. 214.

1 Wahrheit, Macht, Selbst
Ein Gespräch zwischen Rux Martin und Michel Foucault (25. Oktober 1982)

MARTIN Weshalb sind Sie an die University of Vermont gekommen?
FOUCAULT Weil ich einigen Menschen erklären möchte, woran ich arbeite; weil ich erfahren möchte, woran sie arbeiten; und weil ich gerne ein paar dauerhafte Beziehungen knüpfen möchte. Ich bin kein Schriftsteller, kein Philosoph und kein Großintellektueller: Ich bin Lehrer. Es gibt da ein gesellschaftliches Phänomen, das mich einigermaßen beunruhigt: Seit den sechziger Jahren sind einige Lehrer zu herausragenden Personen des öffentlichen Lebens geworden – mit den dazugehörigen Verpflichtungen. Ich will kein Prophet sein und sagen: »Setzt euch, ich habe euch etwas Wichtiges mitzuteilen.« Ich bin hergekommen, damit wir über unsere gemeinsame Arbeit sprechen können.
MARTIN Bisweilen werden Sie als »Philosoph« bezeichnet, gelegentlich auch als »Historiker«, als »Strukturalist« und als »Marxist«. Der offizielle Titel Ihres Lehrstuhls am Collège de France lautet: »Professor für die Geschichte der Denksysteme«. Was bedeutet das?
FOUCAULT Ich halte es nicht für erforderlich, genau zu wissen, was ich bin. Das Wichtigste im Leben und in der Arbeit ist, etwas zu werden, das man am Anfang nicht war. Wenn Sie ein Buch beginnen und wissen schon am Anfang, was Sie am Ende sagen werden, hätten Sie dann noch den Mut, es zu schreiben? Was für das Schreiben gilt und für eine Liebesbeziehung, das gilt für das Leben überhaupt. Das Spiel ist deshalb lohnend, weil wir nicht wissen, was am Ende dabei herauskommen wird.

Mein Arbeitsfeld ist die Geschichte des Denkens. Der Mensch ist ein denkendes Wesen. Die Art, wie er denkt, hängt mit der Gesellschaft, der Politik, der Wirtschaft und der Geschichte zusammen, aber auch mit allgemeinen, universellen Kategorien und formalen Strukturen. Doch das Denken ist etwas anderes als gesellschaftliche Interaktion. Die Art, wie Menschen wirklich denken, läßt sich nicht angemessen mit universellen logischen Kategorien erschließen. Zwischen der Sozialgeschichte und den formalen Analysen des Denkens gibt es einen Weg, eine Straße – vielleicht nur eine sehr schmale –, die der Historiker des Denkens nimmt.

MARTIN In *Sexualität und Wahrheit* sprechen Sie von einem Menschen, der die herrschenden Gesetze mißachtet und die kommende Freiheit vorwegnimmt. Sehen Sie Ihre eigene Arbeit in diesem Licht?

FOUCAULT Nein. Früher haben mich Menschen oft gebeten, ihnen zu sagen, was geschehen wird, und ein Programm für die Zukunft zu entwerfen. Wir wissen nur allzugut, daß solche Programme, auch wenn sie mit den besten Absichten entwickelt worden sind, zu einem Werkzeug der Unterdrükkung werden können. Rousseau, der die Freiheit liebte, wurde in der Französischen Revolution als Alibi sozialer Repression mißbraucht. Marx hätte den Stalinismus und den Leninismus verabscheut. Ich habe mir vorgenommen – dieser Ausdruck ist gewiß allzu pathetisch –, den Menschen zu zeigen, daß sie weit freier sind, als sie meinen; daß sie Dinge als wahr und evident akzeptieren, die zu einem bestimmten Zeitpunkt in der Geschichte hervorgebracht worden sind, und daß man diese sogenannte Evidenz kritisieren und zerstören kann. Etwas in den Köpfen der Menschen zu verändern – das ist die Aufgabe des Intellektuellen.

MARTIN In ihren Schriften lassen Sie sich anscheinend von Gestalten faszinieren, die am Rande der Gesellschaft leben: von Irren, Aussätzigen, Kriminellen, Devianten, Hermaphroditen, Mördern, obskuren Denkern. Weshalb?

FOUCAULT Manchmal wirft man mir vor, ich wählte marginale Denker aus, statt mich an den Hauptstrom der Geschichte zu halten. Meine Antwort darauf ist ein wenig snobistisch: Es ist absurd, Gestalten wie Bopp und Ricardo für obskur zu halten.

MARTIN Aber wie steht es mit Ihrem Interesse für gesellschaftliche Außenseiter?

FOUCAULT Ich beschäftige mich aus zwei Gründen mit abseitigen Gestalten und Prozessen: Die politischen und sozialen Entwicklungen, die den westlichen europäischen Gesellschaften ihr Gesicht gegeben haben, sind nicht sonderlich sichtbar, sie sind in Vergessenheit geraten oder zur Gewohnheit geworden. Sie sind Teil einer Landschaft, die uns sehr vertraut ist; wir nehmen sie nicht mehr wahr. Doch die meisten dieser Entwicklungen haben die Menschen einmal schockiert. Ich möchte zeigen, daß viele Dinge, die Teil unserer Landschaft sind – und für universell gehalten werden –, das Ergebnis ganz bestimmter geschichtlicher Veränderungen sind. Alle meine Untersuchungen richten sich gegen den Gedanken universeller Notwendigkeiten im menschlichen Dasein. Sie helfen entdecken, wie willkürlich Institutionen sind, welche Freiheit wir immer noch haben und wieviel Wandel immer noch möglich ist.

MARTIN In Ihren Schriften sind emotionale Unterströmungen zu erkennen, wie sie bei wissenschaftlichen Untersuchungen unüblich sind: Zorn in *Überwachen und Strafen*, Spott und Hoffnung in *Die Ordnung der Dinge*, Trauer und Empörung in *Wahnsinn und Gesellschaft*.

FOUCAULT Meine Werke sind Teil meiner Biographie. Aus irgendeinem Grunde hatte ich immer Gelegenheit, diese Dinge zu fühlen und zu durchleben. Ich will ein einfaches Beispiel nennen: In den fünfziger Jahren habe ich in einem psychiatrischen Krankenhaus gearbeitet. Nachdem ich Philosophie studiert hatte, wollte ich sehen, was Irresein ist. Ich war verrückt genug gewesen, die Vernunft zu studieren; ich war vernünftig genug, das Verrücktsein zu studieren. Ich hatte die Möglichkeit, mich frei unter den Patienten und den Wärtern zu bewegen, denn ich hatte keine festumrissene Aufgabe. Damals war die Blütezeit der Neurochirurgie, die Psychopharmaka kamen gerade auf, die traditionelle Institution herrschte unangefochten. Zuerst akzeptierte ich die Verhältnisse als notwendig, aber nach drei Monaten (ich bin ziemlich langsam) habe ich mich gefragt: Warum sind diese Verhältnisse notwendig? Drei Jahre später habe ich die Stelle aufgegeben und bin nach Schweden gegangen; ich fühlte mich persönlich sehr unwohl und begann, eine Geschichte dieser Praktiken niederzuschreiben (*Wahnsinn und Gesellschaft*).

Wahnsinn und Gesellschaft sollte ein erster Band sein, ich liebe es, erste Bände zu schreiben, und ich hasse es, am zweiten zu arbeiten. Man sah darin ein Attentat auf die Psychiatrie; aber es war eine Beschreibung aus historischer Perspektive. Kennen Sie den Unterschied zwischen wahrer Wissenschaft und Pseudowissenschaft? Wahre Wissenschaft nimmt ihre eigene Geschichte zur Kenntnis. Wenn Sie einem Psychiater sagen, seine Institution stamme von den Leprosorien ab, wird er fuchsteufelswild.

MARTIN Wie war das mit der Entstehung von *Überwachen und Strafen?*

FOUCAULT Ich muß gestehen, ich hatte keine direkte Beziehung zum Gefängnis oder zu Gefangenen, obwohl ich als Psychologe in einer französischen Strafanstalt gearbeitet habe. Als ich in Tunesien war, habe ich gesehen, daß Menschen aus politischen Gründen inhaftiert wurden, und das hat mich beeinflußt.

MARTIN Das klassische Zeitalter ist in allen Ihren Schriften der zentrale Ausgangspunkt. Empfinden Sie nostalgische Gefühle angesichts der Klarheit dieser Zeit und der »Sichtbarkeit« der Renaissance, als alles vereinheitlicht und ans Licht geholt wurde?

FOUCAULT Die Schönheit dieser vergangenen Zeiten ist nicht die Ursache dieser Nostalgie, sondern deren Wirkung.

Ich weiß sehr wohl, daß sie unsere Erfindung ist. Aber es ist gut, solche nostalgischen Gefühle zu haben, geradeso wie es gut ist, ein gutes Verhältnis zur eigenen Kindheit zu haben, wenn man selbst Kinder hat. Es ist gut, nostalgische Gefühle für bestimmte Zeiten zu hegen, sofern diese Nostalgie sich in einer nachdenklichen und positiven Einstellung zur Gegenwart äußert. Wenn freilich die Nostalgie als Grund für Aggressivität und Verständnislosigkeit gegenüber der Gegenwart dient, dann sollte sie besser gezügelt werden.

MARTIN Welche Bücher lesen Sie zu Ihrem Vergnügen?

FOUCAULT Die Bücher, die in mir die stärksten Gefühle auslösen: Faulkner, Thomas Mann, Malcom Lowrys *Under the Vulcano*.

MARTIN Was waren die für Sie bedeutsamen intellektuellen Einflüsse?

FOUCAULT Ich war überrascht, als zwei meiner Freunde in Berkeley über mich schrieben, Heidegger habe mich beeinflußt (Hubert L. Dreyfus und Paul Rabinow, *Michel Foucault: Beyond Structuralism and Hermeneutics*, Chicago 1982). Natürlich hatten sie recht damit, aber in Frankreich hatte das noch niemand bemerkt. Als Student in den fünfziger Jahren las ich Husserl, Sartre, Merleau-Ponty. Wenn man einen überwältigenden Sog verspürt, versucht man, ein Fenster zu öffnen. Seltsamerweise ist Heidegger für einen Franzosen gar nicht schwer zu verstehen: Wenn jedes Wort ein Rätsel ist, dann hat man eine gute Chance, zu verstehen. *Sein und Zeit* ist schwierig; die späteren Werke sind klarer.

Nietzsche war eine Offenbarung für mich. Ich hatte das Gefühl, da ist jemand, der ganz anders war, als man es mich gelehrt hatte. Ich las ihn mit großer Leidenschaft und brach mit meinem bisherigen Leben; ich kündigte die Stelle im Krankenhaus und verließ Frankreich. Ich glaubte, in einem Gefängnis zu sein. Durch Nietzsche wurde mir das alles sehr fremd. Ich bin heute noch nicht ganz in das soziale und geistige Leben Frankreichs integriert. Wenn ich jünger wäre, würde ich wohl in die Vereinigten Staaten auswandern.

MARTIN Warum?

FOUCAULT Ich sehe da Möglichkeiten. Die USA haben kein homogenes geistiges und kulturelles Leben. Als Ausländer brauche ich mich nicht zu integrieren. Niemand zwingt mich dazu. Es gibt viele große Universitäten, alle mit unterschiedlichen Ausrichtungen. Aber natürlich könnte es mir passieren, daß man mich achtkantig hinauswirft.

MARTIN Warum, meinen Sie, würde man Sie hinauswerfen?

FOUCAULT Ich bin sehr stolz darauf, daß manche Leute glauben, ich sei eine Gefahr für die geistige ›Gesundheit‹ der Studenten. Wenn Menschen anfangen, bei geistigen Aktivitäten über Gesundheit nachzudenken, dann ist etwas faul. In ihren Augen bin ich eine Infektionsquelle: ein Kryptomarxist, ein Irrationalist oder ein Nihilist.

MARTIN Nach der Lektüre von *Die Ordnung der Dinge* könnte man zu dem Schluß kommen, daß individuelle Reformbemühungen aussichtslos seien, weil neue Entdeckungen zahllose Bedeutungen und Implikationen besitzen, von denen ihr Urheber gar nichts weiß. In *Überwachen und Strafen* zum Beispiel zeigen Sie, daß es einen plötzlichen Wechsel von der in Ketten trottenden Sträflingskolonne zur geschlossenen Polizeikutsche, vom öffentlichen Strafspektakel zur disziplinierten institutionellen Bestrafung gegeben hat. Sie zeigen aber auch, daß dieser Wechsel, der damals eine »Reform« zu sein schien, in Wirklichkeit die Normierung der gesellschaftlichen Strafgewalt bedeutete. Wie also ist bewußte Veränderung möglich?

FOUCAULT Ich weiß nicht, wie Sie auf den Gedanken kommen, ich hielte Veränderung für unmöglich, denn was ich untersucht habe, war immer mit politischem Handeln verbunden. *Überwachen und Strafen* ist ein einziger Versuch, diese Frage zu beantworten und zu ermitteln, wie sich neue Denkweisen bildeten.

Wir alle sind lebende und denkende Subjekte. Wogegen

ich mich wende, ist die These, daß zwischen der Sozialgeschichte und der Geistesgeschichte ein Bruch bestehe. Demnach soll die Sozialgeschichte beschreiben, wie Menschen handeln ohne zu denken, und die Geistesgeschichte soll beschreiben, wie Menschen denken ohne zu handeln. Aber jeder Mensch handelt und denkt zugleich. Das Handeln und die Reaktionen von Menschen sind mit ihrem Denken verknüpft, und natürlich ist das Denken mit der Tradition verbunden. Ich habe versucht, dieses äußerst komplexe Phänomen zu ergründen: daß Menschen in relativ kurzer Zeit dahin gelangen, auf Verbrechen und Kriminelle in ganz anderer Weise zu reagieren.

Ich habe zwei Arten von Büchern geschrieben. Die eine, z. B. *Die Ordnung der Dinge*, befaßt sich ausschließlich mit dem wissenschaftlichen Denken; die andere, z. B. *Überwachen und Strafen*, beschäftigt sich mit sozialen Prinzipien und Institutionen. Die Wissenschaftsgeschichte entwickelt sich nicht in derselben Weise wie die gesellschaftliche Wahrnehmung. Um als wissenschaftlicher Diskurs anerkannt zu werden, muß das Denken gewissen Kriterien genügen. In *Überwachen und Strafen* kämpfen Texte, Praktiken und Menschen gegeneinander.

In meinen Büchern habe ich durchaus versucht, Veränderungen zu analysieren, nicht um deren materielle Ursachen herauszufinden, sondern um alle Faktoren, die aufeinander einwirken, und die Reaktionen der Menschen zu erhellen. Ich glaube an die Freiheit der Menschen. In der gleichen Situation reagieren sie sehr unterschiedlich.

MARTIN Zum Schluß von *Überwachen und Strafen* schreiben Sie, Ihr Buch solle »verschiedenen Untersuchungen über die Normierungsmacht und die Formierung des Wissens in der modernen Gesellschaft als Hintergrund dienen«. Welcher Zusammenhang besteht zwischen der Normierung und der Vorstellung, daß der Mensch das Zentrum des Wissens ist?

FOUCAULT Durch verschiedene Praktiken – in der Psychologie, der Medizin, dem Strafsystem, der Erziehung – wurde ein bestimmtes Ideal oder Modell der Humanität entwickelt, und nun hat diese Idee vom Menschen normativen Charakter gewonnen, ist selbstevident geworden und gilt als universell gültig. Humanismus mag aber durchaus nicht universell sein, vielmehr ist er wahrscheinlich an eine bestimmte Situation gebunden. Von dem, was wir als Humanismus bezeichnen, haben ebensowohl Marxisten und Liberale wie Nazis und Katholiken Gebrauch gemacht. Das heißt nicht, daß wir die Menschenrechte oder die Freiheit fallenlassen sollten; wir können allerdings nicht sagen, Freiheit oder Menschenrechte seien auf dies oder jenes beschränkt. Wenn Sie zum Beispiel vor achtzig Jahren gefragt hätten, ob weibliche Tugend ein Bestandteil der universellen Humanität sei, dann hätten alle mit Ja geantwortet.

Was mir am Humanismus nicht behagt, ist, daß er eine bestimmte Form unserer Ethik zum Muster und Prinzip der Freiheit erklärt. Ich glaube, daß es mehr Geheimnisse gibt, mehr mögliche Freiheiten und weitere zukünftige Erfindungen, als wir uns dies im Rahmen des Humanismus vorstellen können, wie er dogmatisch auf allen politischen Positionen verkündet wird, von der Linken über die Mitte bis hin zur Rechten.

MARTIN Und darum geht es bei den »Technologien des Selbst«?

FOUCAULT Ja. Sie haben gesagt, Sie hätten das Gefühl, daß ich unberechenbar sei. Das ist wahr. Manchmal freilich komme ich mir selbst allzu systematisch und rigide vor.

Bisher habe ich drei traditionelle Probleme untersucht: 1. Welches Verhältnis haben wir zur Wahrheit durch wissenschaftliche Erkenntnis, zu jenen »Wahrheitsspielen«, die so große Bedeutung in der Zivilisation besitzen und deren Subjekt und Objekt wir gleichermaßen sind? 2. Welches Verhältnis haben wir aufgrund dieser seltsamen Strategien und Machtbeziehungen zu den anderen? 3. Welche Beziehungen bestehen zwischen Wahrheit, Macht und Selbst?

Ich möchte all das mit einer Frage beschließen: Was könnte klassischer sein als diese Fragen und systematischer als der Weg von Frage eins über Frage zwei zu Frage drei und zurück zu Frage eins. Genau an diesem Punkt bin ich jetzt.

2 MICHEL FOUCAULT
Technologien des Selbst

I

Technologien des Selbst

Als ich begann, die Regeln, Pflichten und Verbote zu studieren, mit denen die Sexualität belegt wird, habe ich mich nicht einfach mit den erlaubten oder verbotenen Handlungen beschäftigt, sondern mit den dargestellten Gefühlen, den Gedanken, den Wünschen, die man erfahren mag, mit dem Drang, in sich selbst nach verborgenen Empfindungen, nach jeder Regung der Seele, nach Begierden zu fahnden, die sich unter täuschenden Masken verbergen könnten. Es gibt einen wesentlichen Unterschied zwischen Verboten, die den Sexus betreffen, und solchen, die anderen Dingen gelten. Anders als sonstige Verbote sind sexuelle Verbote regelmäßig mit der Verpflichtung verbunden, die Wahrheit über sich selbst zu sagen.

Gegen diese Auffassung ließen sich zwei Tatsachen vorbringen: einmal der Umstand, daß dem Bekenntnis von den strafrechtlichen und religiösen Institutionen im Hinblick auf alle Vergehen und nicht nur die sexuellen Verfehlungen große Bedeutung beigemessen wird. Aber die Pflicht, die eigenen Begierden zu analysieren, hat im Feld der Sexualität stets mehr Gewicht als bei allen übrigen Verstößen.

Auch der zweite Einwand ist mir sehr wohl bewußt. Ihm zufolge war das sexuelle Verhalten stärker als jedes andere äußerst strengen Regeln der Verschwiegenheit, des Anstands und der Zurückhaltung unterworfen, so daß die Sexualität auf seltsame und komplexe Weise gleichzeitig mit einem sprachlichen Verbot und der Verpflichtung, die Wahrheit zu sagen, besetzt ist, mit der Forderung also, zu verbergen, was man tut, und zu entziffern, wer man ist.

Die Verknüpfung des Verbots mit der nachhaltigen Forderung, zu sprechen, ist ein konstantes Merkmal unserer Kultur. Das Thema der Abkehr vom Fleische war in der Beichte, die der Mönch vor seinem Abt abzulegen hatte, mit der Verpflichtung verbunden, dem Abt alles zu berichten, was sich im Kopf des Mönchs abspielte.

Ich kam nun auf den Gedanken, ein recht sonderbares Projekt in Angriff zu nehmen, bei dem es nicht darum ging, die Entwicklung des Sexualverhaltens nachzuzeichnen, sondern die Geschichte dieser Verknüpfung aufzudecken, der Verknüpfung zwischen der Verpflichtung, die Wahrheit zu sagen, und den Verboten, die auf der Sexualität lasteten. Ich fragte: Auf welche Weise zwang man das Subjekt, sich selbst im Hinblick auf das Verbotene zu entziffern? Diese Frage zielt auf das Verhältnis von Askese und Wahrheit.

Max Weber hat gefragt: Wenn man sich rational verhalten und das eigene Handeln an Prinzipien der Wahrheit ausrichten möchte, auf welchen Teil des Selbst muß man dann verzichten? Worin besteht der asketische Preis der Vernunft? Welcher Art von Askese sollte man sich zuwenden? Ich habe die gegenteilige Frage gestellt: Was muß man über sich selbst wissen, wenn man bereit sein soll, auf irgend etwas zu verzichten?

So gelangte ich zur Hermeneutik der Selbsttechniken in der heidnischen und frühchristlichen Praxis. Bei meinen Nachforschungen stieß ich auf zahlreiche Schwierigkeiten, denn diese Praktiken sind wenig bekannt. Erstens hat das Christentum sich stets mehr für die Geschichte seiner Glaubensinhalte interessiert als für die Geschichte realer Praktiken. Zweitens ist eine derartige Hermeneutik niemals zu einer Dogmatik verdichtet worden, wie es für die Texthermeneutik gilt. Drittens ist die Hermeneutik des Selbst mit

Theologien der Seele vermengt worden – Wollust, Sünde, Abfall vom Glauben. Viertens hat sich diese Hermeneutik über zahlreiche Kanäle in der gesamten Kultur ausgebreitet und ist Verbindungen mit vielerlei Einstellungen und Erfahrungen eingegangen, so daß es schwierig ist, sie von unseren eigenen spontanen Erlebnissen zu trennen.

Der Kontext der Untersuchung

Seit mehr als fünfundzwanzig Jahren verfolge ich das Ziel, eine Geschichte der Wege zu skizzieren, auf denen Menschen in unserer Kultur Wissen über sich selbst erwerben: Ökonomie, Biologie, Psychiatrie, Medizin und Strafrecht. Dabei geht es nicht in erster Linie um den Wahrheitsgehalt dieses Wissens, sondern um die Analyse der sogenannten Wissenschaften als hochspezifischer »Wahrheitsspiele« auf der Grundlage spezieller Techniken, welche die Menschen gebrauchen, um sich selbst zu verstehen.

Den Kontext dafür bilden vier Typen solcher »Technologien«, deren jeder eine Matrix praktischer Vernunft bildet: 1. Technologien der Produktion, die es uns ermöglichen, Dinge zu produzieren, zu verändern oder auf sonstige Weise zu manipulieren; 2. Technologien von Zeichensystemen, die es uns gestatten, mit Zeichen, Bedeutungen, Symbolen oder Sinn umzugehen; 3. Technologien der Macht, die das Verhalten von Individuen prägen und sie bestimmten Zwecken oder einer Herrschaft unterwerfen, die das Subjekt zum Objekt machen; 4. Technologien des Selbst, die es dem Einzelnen ermöglichen, aus eigener Kraft oder mit Hilfe anderer eine Reihe von Operationen an seinem Körper oder seiner Seele, seinem Denken, seinem Verhalten und seiner Existenzweise vorzunehmen, mit dem Ziel, sich so zu verändern, daß er einen gewissen Zustand des Glücks, der Reinheit, der Weisheit, der Vollkommenheit oder der Unsterblichkeit erlangt.

Diese vier Arten von Technologien sind, soweit es ihr Funktionieren betrifft, nur selten voneinander zu trennen, obwohl jede von ihnen mit einer bestimmten Art von Herrschaft verbunden ist. Jede von ihnen impliziert bestimmte Formen der Schulung und der Transformation, nicht nur in dem offenkundigen Sinne, daß gewisse Fertigkeiten erworben werden, sondern auch im Sinne der Aneignung von Einstellungen. Ich wollte sowohl ihre spezielle Natur als auch ihre beständige Wechselwirkung beschreiben. So erkennt man zum Beispiel die Beziehung zwischen der Manipulation von Gegenständen und der Herrschaft im Marxschen *Kapital,* wo es heißt, daß jede Produktionstechnik Modifikationen des individuellen Verhaltens gebiete, und zwar nicht nur in der Sphäre der Fertigkeiten, sondern auch in der Sphäre der Einstellungen.

Gewöhnlich befaßt man sich mit den beiden ersten Technologien bei der Untersuchung von Wissenschaften und Sprachsystemen. Mein Hauptaugenmerk galt dagegen den Technologien der Herrschaft und des Selbst. So habe ich den Wahnsinn nicht nach formalwissenschaftlichen Kriterien erforscht, sondern um aufzuzeigen, wie dieser seltsame Diskurs einen bestimmten Umgang mit Individuen innerhalb und außerhalb des Irrenhauses gestiftet hat. Diese Verbindung zwischen den Technologien der Beherrschung anderer und den Technologien des Selbst nenne ich Kontrollmentalität.

Vielleicht habe ich die Bedeutung der Technologien von Macht und Herrschaft allzu stark betont. Mehr und mehr interessiere ich mich für die Interaktion zwischen einem selbst und anderen und für die Technologien individueller Beherrschung, für die Geschichte der Formen, in denen das Individuum auf sich selbst einwirkt, für die Technologien des Selbst.

Die Entwicklung der Selbsttechniken

Ich möchte kurz die Entwicklung der Hermeneutik des Selbst in zwei verschiedenen Kontexten skizzieren, zwischen denen allerdings ein geschichtlicher Zusammenhang besteht: 1. in der griechisch-römischen Philosophie des ersten und zweiten Jahrhunderts des frühen römischen Reiches und 2. in der christlichen Spiritualität und den Regeln mönchischen Lebens, wie sie im vierten und fünften Jahrhundert im spätrömischen Reich herausgebildet worden sind. Dabei sollen sich die Überlegungen nicht nur im Theoriefeld bewegen, sondern auch Praktiken aufnehmen, die der Spätantike eigentümlich waren. Diese Praktiken wurden im Griechischen als *epimelēsthai sautou* bezeichnet, was soviel heißt wie »auf sich selbst achten«, »Sorge um sich selbst«, »sich um sich selbst kümmern«.

Die Vorschrift, »auf sich selbst zu achten«, galt den Griechen als einer der zentralen Grundsätze der Polis, als Hauptregel für das soziale und persönliche Verhalten und für die Lebenskunst. Für uns heute ist dieser Begriff dunkel und verblaßt. Wenn man uns fragt, welches das wichtigste moralische Prinzip der antiken Philosophie sei, dann werden wir nicht sagen: »Man achte auf sich selbst«; vielmehr werden wir auf das »Erkenne dich selbst« des Delphischen Orakels verweisen.

Vielleicht hat unsere philosophische Tradition das »Erkenne dich selbst« überbewertet und das »Achte auf dich selbst« vergessen. Die Delphische Maxime war kein abstraktes Prinzip der Lebensführung, es war eine praktische Anleitung, eine Regel, die es zu beachten galt, wenn man das Orakel befragen wollte. »Erkenne dich selbst«, damit war gemeint: »Wisse, daß du kein Gott bist«. Andere Kommentare geben ihm die Bedeutung: »Achte darauf, was du wirklich fragst, wenn du das Orakel konsultierst.«

In griechischen und römischen Texten war das Gebot, sich selbst zu erkennen, stets mit der Maxime der Sorge um sich selbst verknüpft, und erst dieses Erfordernis, auf sich selbst zu achten, brachte die Delphische Maxime ins Spiel. Sie ist der gesamten griechischen und römischen Kultur inhärent, implizit von jeher und explizit seit Platons *Alkibiades I*. In den Sokratischen Dialogen, bei Xenophon, Hippokrates und in der neuplatonischen Tradition von Albinus an mußte man Sorge um sich selbst tragen. Man mußte sich mit sich selbst beschäftigen, bevor die Delphische Maxime überhaupt wirksam werden konnte. Das »Erkenne dich selbst« war der Sorge um sich selbst untergeordnet. Dafür möchte ich ein paar Beispiele anführen.

In Platons *Verteidigung des Sokrates*, 29[e], präsentiert sich Sokrates seinen Richtern als Meister der *epimeleia heautou*. Er fragt: »[...] schämst du dich nicht, für Geld zwar zu sorgen [...] und für Ruhm und Ehre«, für dich selbst aber sorgst du nicht, das heißt für »Einsicht [...] und Wahrheit und deine Seele, daß sie sich aufs beste befinde«. Er dagegen gehe umher und überrede seine Mitbürger, für sich selbst, für ihre Seele, zu sorgen.

Sokrates macht drei wichtige Bemerkungen im Zusammenhang seiner Aufforderung an die anderen, für ihre Seele zu sorgen: 1. Den Auftrag dazu hat er von den Göttern erhalten, und er wird davon nicht lassen, auch wenn es ihn das Leben kostet. 2. Für seine Mühen verlangt er keinen Lohn; er verfolgt keine materiellen Interessen; er handelt ausschließlich aus Liebe zum Nächsten. 3. Seine Mission ist für die Stadt von Nutzen – von größerem Nutzen als der militärische Sieg der Athener bei Olympia –, denn indem er die Menschen lehrt, auf sich selbst acht zu geben, lehrt er sie, auf die Stadt acht zu geben.

Achthundert Jahre später findet sich derselbe Begriff und derselbe Satz in der Abhandlung *De virginitate* des Gregor von Nyssa, allerdings mit einer gänzlich anderen Bedeutung. Gregor meinte nicht die Sorge um sich und die Stadt; ihm ging es um den Verzicht auf die Welt, den Verzicht auf die Ehe und die Abkehr vom Fleische, um so, jungfräulich an

Leib und Seele, die verlorene Unsterblichkeit wiederzuerlangen. In einem Kommentar zum Gleichnis von der verlorenen Drachme (Lukas 15.8–10) ermahnt Gregor den Leser, ein Licht anzuzünden, das Haus zu durchsuchen, bis man die Drachme im Dunkeln schimmern sieht. Um die Wirkungskraft wiederzugewinnen, die Gott der Seele eingegeben hat und die vom Körper getrübt worden ist, muß man auf sich selbst achten und jeden Winkel seiner Seele ausleuchten (*De virginitate* 12).

Wir können sehen, daß die christliche Askese sich ebenso wie die antike Philosophie unter das Zeichen der Sorge um sich selbst stellte. Die Verpflichtung, sich selbst zu erkennen, zählt zu den wesentlichen Elementen ihres Denkens und Tuns. Zwischen diesen beiden Extremen – Sokrates und Gregor von Nyssa – markiert die Sorge um sich selbst nicht nur eine Maxime, sie ist zugleich ständig geübte Praxis.

Ich nenne zwei weitere Beispiele. Der erste epikureische Text, der als Handbuch der Moral diente, war der *Brief an Menoikeus* (Diogenes Laërtius 10.122–138). Epikur schreibt, es sei niemals zu früh und niemals zu spät, sich mit der eigenen Seele zu beschäftigen. Man solle philosophieren, wenn man jung ist, und auch, wenn man alt ist. Dies sei eine Aufgabe, der man sich sein Leben lang widmen müsse. Die Lehren der alltäglichen Lebensführung waren um die Sorge um sich selbst organisiert und sollten jedem Mitglied der Gruppe bei der gemeinsamen Suche nach dem Heil helfen.

Ein weiteres Beispiel findet sich in einem alexandrinischen Text, der Abhandlung *De vita contemplativa* des Philo von Alexandria. Er berichtet von einer obskuren, rätselhaften Gruppe an den Rändern der hellenischen und hebräischen Kultur, die man Therapeuten nannte und die sich durch Frömmigkeit auszeichnete. Es war eine strenge Gemeinschaft; sie widmete sich der Lektüre, heilender Meditation, individuellem und gemeinschaftlichem Gebet und einem spirituellen Mahl (*agapē*, »Fest«). Diese Praktiken resultierten aus der zentralen Aufgabe der Sorge um sich selbst (*De vita contemplativa* 36).

Damit haben wir den Ausgangspunkt für eine mögliche Analyse der Sorge um sich selbst in der Kultur der Antike. Ich möchte der Beziehung zwischen Sorge und Selbsterkenntnis nachspüren, dem Verhältnis, das in der griechisch-römischen und der christlichen Tradition zwischen der Sorge um sich selbst und der nur allzu bekannten Maxime »Erkenne dich selbst« besteht. So wie es unterschiedliche Formen der Sorge gibt, so gibt es auch unterschiedliche Formen des Selbst.

Zusammenfassung

Es gibt verschiedene Gründe, weshalb das »Erkenne dich selbst« die Maxime »Achte auf dich selbst« in den Hintergrund gedrängt hat. Erstens hat in den Moralvorstellungen der westlichen Gesellschaft ein tiefgreifender Wandel stattgefunden. Es fällt uns schwer, rigorose Moral und strenge Prinzipien auf das Gebot zu gründen, uns selbst mehr Aufmerksamkeit zu schenken als irgend etwas sonst auf der Welt. Wir sind geneigt, in der Sorge um sich selbst etwas Unmoralisches zu argwöhnen, ein Mittel, uns aller denkbaren Regeln zu entheben. Wir sind Erben der christlichen Moraltradition, die in der Selbstlosigkeit die Vorbedingung des Heils erblickt – sich selbst zu erkennen erschien paradoxerweise als der Weg, auf dem man zur Selbstlosigkeit gelangte. Wir sind jedoch zugleich Erben einer weltlichen Tradition, die das äußere Gesetz als Grundlage der Moral akzeptiert. Wie sollte unter diesen Umständen die Achtung vor dem Selbst die Grundlage von Moralität bilden können? Wir sind die Erben einer gesellschaftlichen Moral, welche die Regeln für akzeptables Verhalten in den Beziehungen zu anderen sucht. Seit dem sechzehnten Jahrhundert wird die Kritik an den Moralvorstellungen unter Hinweis auf die Bedeutung der Selbstachtung und der Selbsterkenntnis vorgetragen. Deshalb läßt sich nur schwer einsehen, daß die Sorge um sich selbst mit Moral verträglich ist. Das »Erkenne dich selbst« hat das »Achte auf dich selbst« in den Schatten gerückt; unsere Moral, eine asketische Moral, unterstellt, man könne das Selbst zurückweisen.

Ein zweiter Grund liegt in der Tatsache, daß die Selbsterkenntnis (das denkende Subjekt) in der Philosophie von Descartes bis Husserl eine zunehmend größere Bedeutung als erster Schritt der Erkenntnistheorie erlangt hat.

Zusammenfassend können wir sagen: In der Rangordnung der beiden antiken Maximen »Achte auf dich selbst« und »Erkenne dich selbst« hat es eine Umkehrung gegeben. In der griechisch-römischen Kultur erschien die Selbsterkenntnis als Folge der Sorge um sich selbst. In der Moderne dagegen verkörpert die Selbsterkenntnis das fundamentale Prinzip.

II

Die erste philosophische Explikation des Interesses an der Sorge um sich selbst findet sich in Platons *Alkibiades I*. Wann der Text geschrieben wurde, ist ungewiß, und möglicherweise handelt es sich um eine der unechten Schriften. Mir geht es jedoch nicht um Daten; ich möchte vielmehr die besonderen Merkmale der Sorge um sich selbst ermitteln, die im Mittelpunkt des Dialogs steht.

Von den Neuplatonikern des dritten und vierten Jahrhunderts unserer Zeitrechnung wissen wir, welche Bedeutung man diesem Dialog beimaß und welches Gewicht er in der antiken Tradition besaß. Sie wollten Platons Dialoge als Pädagogik und als enzyklopädisches Wissen organisieren. Den *Alkibiades* hielten sie für den ersten Platonischen Dialog, den ersten, den es zu lesen und zu studieren galt. Er war *archē*. Im zweiten Jahrhundert sagt Albinus, jeder begabte junge Mann, der sich von der Politik fernhalten und Tugend üben wolle, solle den *Alkibiades* studieren. Er enthalte ein Programm für die gesamte Platonsche Philosophie. Die Sorge um sich selbst ist sein oberster Grundsatz. Ich möchte die Sorge um sich selbst im *Alkibiades* unter drei Aspekten analysieren.

1. Wie wird die Frage in den Dialog eingeführt? Weshalb gelangen Sokrates und Alkibiades zum Begriff der Sorge um sich selbst?

Alkibiades steht vor dem Eintritt in das öffentliche und politische Leben. Er möchte vor den Menschen reden und zu uneingeschränkter Macht in der Stadt aufsteigen. Er gibt sich nicht zufrieden mit seinem ererbten Status, mit den Privilegien, die ihm durch Geburt und Stand zufallen. Er möchte persönliche Macht über alle anderen erlangen, innerhalb der Stadt und außerhalb von ihr. An diesem Kreuzweg nun erscheint Sokrates und macht dem Alkibiades eine Liebeserklärung. Jetzt kann Alkibiades nicht mehr der Geliebte sein; er muß selbst zum Liebenden werden. Er muß im Liebesspiel wie im politischen Spiel aktiv werden. Es entsteht also eine Dialektik zwischen dem politischen und dem erotischen Diskurs. Alkibiades macht sowohl in der Politik als auch in der Liebe einen Wandel durch, und zwar auf spezifische Weise.

Im politischen und erotischen Vokabular des Alkibiades bekundet sich eine gewisse Ambivalenz. In seiner Jugend war er begehrenswert und hatte viele Verehrer, doch nun, da sein Bart zu sprießen beginnt, verschwinden sie. Früher hatte er sie alle im Bewußtsein seiner Schönheit abgewiesen, weil er herrschen und nicht beherrscht werden wollte. In seiner Jugend wollte er nicht beherrscht werden, jetzt will er selber herrschen. Das ist der Augenblick, in dem Sokrates eingreift, und er hat Erfolg, wo andere scheiterten. Er schafft es, daß Alkibiades sich unterwirft. Die beiden treffen ein Abkommen: Alkibiades beugt sich seinem Liebhaber Sokrates, jedoch nicht in körperlicher, sondern in geistiger Hinsicht. Der Schnittpunkt, an dem politischer Ehrgeiz und philosophische Liebe einander kreuzen, ist die »Sorge um sich selbst«.

2. Weshalb sollte Alkibiades in dieser Beziehung Sorge um sich selbst tragen, und weshalb interessiert Sokrates sich für dieses Interesse des Alkibiades? Sokrates fragt Alkibiades nach seinen Fähigkeiten und der Art seines Ehrgeizes. Weiß er, was Herrschaft des Gesetzes oder Gerechtigkeit oder Eintracht bedeuten? Alkibiades weiß davon nichts. Sokrates fordert ihn auf, seine Erziehung mit der des persischen und des spartanischen Königs zu vergleichen, die seine Rivalen sind. Spartanische und persische Prinzen haben Lehrer der Weisheit, der Gerechtigkeit, der Mäßigung und des Mutes. Gemessen daran ähnelt die Bildung des Alkibiades der eines alten unwissenden Sklaven. Wie soll er da nach Erkenntnis suchen? Aber, sagt Sokrates, es ist noch nicht zu spät. Um die Oberhand zu gewinnen – um *technē* zu erwerben –, muß Alkibiades Sorge um sich selbst tragen. Doch Alkibiades weiß nicht, wonach er streben soll. Was ist das für ein Wissen, das er sucht? Er ist ratlos und verwirrt. Sokrates ruft ihn auf, Mut zu fassen.

In *Alkibiades I*, 127^{d}, taucht zum erstenmal der Ausdruck *epimelēsthai sautou* auf. Sorge um sich selbst bezieht sich auf einen aktiven politischen und erotischen Status. *Epimelēsthai* meint etwas Ernsteres als bloße Aufmerksamkeit. Es enthält mehrere Momente: äußerste Sorgfalt auf seine Begabungen und seine Gesundheit verwenden. Es ist reales Handeln und nicht nur ein Habitus. Es wird verglichen mit der Arbeit eines Bauern, den die Sorge um seine Felder, sein Vieh und seinen Hof umtreibt, oder mit der Aufgabe eines Königs, der für seine Stadt und deren Bürger sorgt, oder mit der Verehrung der Ahnen und Götter, und im medizinischen Sinne bezeichnet es die Tätigkeit des Pflegens. Aufschlußreich ist, daß die Sorge um sich selbst in *Alkibiades I* unmittelbar ins Verhältnis zu mangelhafter Erziehung gestellt wird, wenn eine politische Wahl und eine Lebensentscheidung zu treffen sind.

3. Der Rest des Textes ist der Untersuchung des Begriffs *epimelēsthai* gewidmet, der »Sorgfalt, die man auf sich selbst verwendet«. Er befaßt sich mit zwei Fragen: Was ist dieses Selbst, auf das man Sorgfalt verwendet? Und: Worin besteht diese Sorge?

Zunächst: Was ist das Selbst (129^{b})? »Selbst« ist ein Reflexivpronomen, und es hat zwei Bedeutungen. »*Auto*« bedeutet »dasselbe«, aber es verweist auch auf den Begriff der Identität. In dieser letzteren Bedeutung verschiebt sich die Frage von »Was ist das Selbst?« zu »Was ist der Rahmen, in dem ich meine Identität finden werde?«

Alkibiades versucht das Selbst in einer dialektischen Bewegung zu finden. Wenn du Sorge um deinen Körper trägst, dann ist das keine Sorge um dich selbst. Das Selbst ist nicht Kleidung, Werkzeuge, Besitztümer. Es findet sich in dem Prinzip, das die Werkzeuge in Gebrauch nimmt, einem Prinzip der Seele und nicht des Körpers. Man muß auf seine Seele Sorgfalt verwenden – das ist die zentrale Aktivität der Sorge um sich selbst. Die Sorge um das Selbst ist die Sorge um die Aktivität, nicht die Sorge um die Seele als Substanz.

Die zweite Frage lautet: Wie müssen wir auf dieses Aktivitätsprinzip, das die Seele ist, Sorge verwenden? Worin besteht diese Sorge? Wir müssen wissen, woraus die Seele besteht. Die Seele vermag sich selbst nur dann zu erkennen, wenn sie sich in einem ähnlichen Element, einem Spiegel, betrachtet. Also muß sie das Göttliche betrachten. In der Betrachtung der Götter entdeckt die Seele Regeln, welche die Grundlage für gerechtes Tun und politisches Handeln bilden können. Die Bemühung der Seele, sich selbst zu erkennen, ist das Prinzip, auf dem gerechtes politisches Handeln sich begründen läßt, und Alkibiades wird ein guter Politiker sein, sofern er seine Seele im göttlichen Element betrachtet.

Häufig kreist die Erörterung dem Inhalt wie der Ausdrucksweise nach um die Delphische Maxime: »Erkenne dich selbst.« Sorge um sich selbst tragen meint, sich selbst erkennen. Die Selbsterkenntnis wird zum Gegenstand des

Strebens nach Sorge um sich selbst. Beschäftigung mit sich selbst und politisches Handeln sind miteinander verknüpft. Der Dialog endet in dem Augenblick, da Alkibiades erkennt, daß er Sorge um sich selbst tragen muß, indem er seine Seele prüft.

Dieser frühe Text erhellt den geschichtlichen Hintergrund des Gebots, Sorgfalt an sich selbst zu wenden, und formuliert vier Hauptprobleme, die sich durch die gesamte Antike ziehen, obgleich die angebotenen Lösungen sich häufig von den in Platons *Alkibiades* formulierten unterscheiden.

Erstens das Problem des Verhältnisses zwischen der Beschäftigung mit sich selbst und dem politischen Handeln. Im Späthellenismus und in der Kaiserzeit wird die Frage auch anders formuliert: Wann ist es angezeigt, sich von der Politik abzukehren und sich mit sich selbst zu beschäftigen?

Zweitens das Problem des Verhältnisses zwischen der Beschäftigung mit sich selbst und der Erziehung. Für Sokrates ist die Beschäftigung mit sich selbst eine Aufgabe des jungen Mannes, doch in späterer hellenistischer Zeit gilt sie als lebenslange Anstrengung.

Drittens das Problem des Verhältnisses zwischen Sorge um sich selbst und Selbsterkenntnis. Platon räumte der Delphischen Maxime »Erkenne dich selbst« die Priorität ein. Die privilegierte Stellung des »Erkenne dich selbst« ist ein charakteristisches Merkmal aller Platoniker. In der späteren hellenistischen und der griechisch-römischen Zeit wurde das Verhältnis umgekehrt. Nun lag der Nachdruck nicht mehr auf der Selbsterkenntnis, sondern auf der Sorge um sich selbst – diese erlangte Autonomie und sogar Vorrang als philosophisches Problem.

Viertens das Problem des Verhältnisses zwischen Sorge um sich selbst und philosophischer Liebe oder der Beziehung zu einem Lehrer. Im Hellenismus und in der Kaiserzeit wurde der sokratische Begriff der Sorge um sich selbst zu einem weit verbreiteten, universellen philosophischen Thema. Epikur und seine Anhänger akzeptierten ihn, desgleichen die

Kyniker und auch Stoiker wie Seneca, Rufus und Galen. Die Pythagoräer achteten ganz allgemein auf die Vorstellung eines geordneten Lebens. Sorge um sich selbst war kein abstrakter Ratschlag, sondern eine vielfältige Tätigkeit, ein Netz von Verpflichtungen und Diensten gegenüber der Seele. In der Nachfolge Epikurs glaubten die Epikureer, daß es niemals zu spät sei, sich mit sich selbst zu befassen. Die Stoiker sagen, man solle auf sich achten: »Ziehe dich in das Selbst zurück und bleibe dort.« Lukian parodierte den Begriff. Es handelte sich um eine weit verbreitete Aktivität; sie mündete in einem Wettstreit zwischen den Rhetorikern und jenen, die sich der Sorge um sich selbst zuwandten, einem Wettstreit, der sich insbesondere an der Rolle des Lehrers entzündete.

Natürlich gab es auch Scharlatane. Aber allgemein wurde anerkannt, daß es gut war, sich der Reflexion zu widmen, zumindest für eine Weile. Plinius rät einem Freund, sich ein paar Augenblicke am Tag oder mehrere Wochen oder Monate im Jahr sich zurückzuziehen – eine aktiv gestaltete Mußezeit, in der man studierte, las, sich auf ein Unglück oder den Tod vorbereitete.

Das Schreiben war gleichfalls bedeutsam in einer Kultur der Sorge um sich selbst. Zu den wichtigsten Praktiken der Sorge um sich selbst gehörte es, daß man Aufzeichnungen über sich selbst machte, in der Absicht, sie später wieder einmal zu lesen; daß man Abhandlungen und Briefe an Freunde schickte, die ihnen helfen sollten; daß man Tagebuch führte, um die Wahrheiten, deren man bedurfte, für sich selbst reaktivieren zu können. Senecas Briefe sind dafür ein Beispiel.

Im traditionellen politischen Leben herrschte weitgehend die mündliche Kultur vor, deshalb war Rhetorik wichtig. Doch die Entwicklung der administrativen Strukturen und der Bürokratie in der Kaiserzeit erweiterte Praxis und Rolle des Schreibens in der politischen Sphäre. In Platons Schriften trat an die Stelle des Dialogs der literarische Scheindialog.

Im hellenistischen Zeitalter verbündete sich die Sorge um sich selbst mit unablässiger Schreibtätigkeit. Das Selbst ist etwas, worüber man schreibt, ein Thema oder Gegenstand des Schreibens. Dies ist durchaus kein moderner Sachverhalt, der in der Reformation oder in der Romantik hervorgetreten wäre; vielmehr handelt es sich um eine der ältesten Traditionen des Westens, und sie war bereits etabliert und tief verwurzelt, als Augustinus seine *Bekenntnisse* zu verfassen begann.

Dem neuen Interesse am Selbst entsprach eine neue Selbsterfahrung. Dies wird im ersten und zweiten Jahrhundert deutlich. Es entstand eine Allianz zwischen Schreiben und Wachsamkeit. Man achtete auf Nuancen des Alltags, der Stimmung, des Lesens; im Akt des Schreibens gewann die Selbsterfahrung eine Intensivierung und Erweiterung. Ein neues Wahrnehmungsfeld eröffnete sich, das zuvor nicht betreten worden war. Wir können Cicero mit dem späten Seneca oder mit Marc Aurel vergleichen, die beide eine penible Neugier für alle Einzelheiten des täglichen Lebens, für die Regungen des Geistes und für die Analyse des eigenen Ich bewiesen. Die ganze Kaiserzeit ist präsent in Marc Aurels Brief an Fronto aus dem Jahre 144 oder 145 unserer Zeitrechnung:

> Heil dir, mein süßester Lehrer.
> Wir sind wohlauf. Ich habe heute lange geschlafen, wegen der leichten Erkältung, die jetzt abzuklingen scheint. Von etwa fünf bis neun Uhr heute morgen habe ich teils in Catos *De agricultura* gelesen, teils habe ich geschrieben, jedoch beim Himmel nicht solchen Unsinn wie gestern. Nachdem ich meinen Vater begrüßt hatte, habe ich meiner Kehle Linderung verschafft, ich möchte nicht sagen durch *Gurgeln* – obwohl das Wort *gargarisso* sich, glaube ich, bei Novius und anderen findet –, aber indem ich Honigwasser bis zur Kehle rinnen ließ und dann wieder ausspie. Nachdem ich meiner Kehle Linderung verschafft hatte,

> ging ich zu meinem Vater und begleitete ihn zu einem Opfer. Danach aßen wir. Was, glaubst du, habe ich gegessen? Ein winziges Stück Brot, während ich zusah, wie andere Bohnen, Zwiebeln und Heringe voller Rogen verschlangen. Dann haben wir hart bei der Weinlese gearbeitet; wir haben kräftig geschwitzt, waren fröhlich und ließen, wie der Dichter sagt, »noch ein paar Trauben für die Nachlese hängen«. Nach sechs kamen wir nach Hause. Ich habe nur wenig gearbeitet, und das recht ziellos. Danach habe ich lange mit meiner lieben Mutter geplaudert, während sie auf dem Bett saß. Ich sagte: »Was, glaubst du, wird wohl mein Fronto gerade tun?« Darauf sie: »Was glaubst du, wird wohl meine Gratia gerade tun?« Darauf ich: »Und was, glaubst du, wird unser kleiner Spatz, die kleine Gratia, gerade tun?« Während wir so redeten und darum stritten, wer von uns beiden den einen oder anderen von euch zweien mehr liebte, ertönte der Gong, was bedeutete, daß mein Vater sein Bad nahm. So aßen wir denn nach dem Baden im Ölpreßraum zu Abend; ich will damit nicht sagen, daß wir im Ölpreßraum gebadet haben, sondern daß wir dort aßen, und mit Vergnügen hörten wir den Arbeitern zu, die einander neckten. Nun bin ich wieder zurück, und bevor ich mich umdrehe, um einzuschlafen, komme ich meiner Pflicht nach und berichte meinem geliebten Lehrer, wie ich den Tag verbracht habe, und wenn ich ihn noch mehr vermissen könnte, würde ich nicht zögern, mich noch mehr nach ihm zu verzehren. Lebwohl, mein Fronto, wo Du auch sein magst, mein Liebster, mein Liebling, meine Freude. Wie steht es zwischen Dir und mir? Ich liebe Dich, und Du bist fern.

Dieser Brief bietet eine Beschreibung des Alltagslebens. Alle Details der Sorge um sich selbst sind gegenwärtig. Cicero teilt nur Bedeutendes mit; in Aurels Brief jedoch sind die geringen Vorfälle bedeutsam, weil sie sind, was er ist – was er gedacht und gefühlt hat. Auch das Verhältnis von Körper und Seele ist höchst beredt. Für die Stoiker war der Körper nicht wichtig; doch Marc Aurel spricht nachdrücklich von seinem Körper, von seiner Gesundheit, von dem, was er gegessen hat, von seinem entzündeten Hals. Das ist charakteristisch für die Ambiguität, die in der Kultivierung des Selbst herrscht. Bei Plinius und Seneca finden wir ein gerüttelt Maß an Hypochondrie. Sie ziehen sich aufs Land zurück. Sie betätigen sich geistig, aber sie arbeiten auch auf den Feldern. Sie essen, was die Bauern essen, und beteiligen sich an deren Arbeit. Wichtig ist der Rückzug aufs Land in diesem Brief deshalb, weil er den Kontakt mit der Natur erlaubt. Und es gibt eine Liebesbeziehung zwischen Aurel und Fronto, zwischen einem Vierundzwanzigjährigen und einem Vierzigjährigen: *Ars erotica* ist Gegenstand der Diskussion. Am Schluß des Briefes finden wir dann einen Hinweis auf die Selbsterforschung am Ende des Tages. Aurel geht zu Bett und sieht in seinem Notizbuch nach, was er hatte tun wollen und was er tatsächlich getan hat. Der Brief ist die Transkription dieser Selbsterforschung. Er betont, was er getan, und nicht, was er gedacht hat. Darin liegt der Unterschied zwischen der Praxis in der hellenistischen Periode bzw. in der Kaiserzeit und der mönchischen Praxis. Auch bei Seneca dominieren Taten, nicht Gedanken. Dennoch ist die christliche Beichte hier bereits angelegt. Dieses Briefgenre bezeugt etwas, das neben der Philosophie der Zeit liegt. Die Selbsterforschung beginnt mit dem Schreiben solcher Briefe. Das Tagebuchschreiben folgt später; es stammt aus christlicher Zeit, im Zentrum steht hier die Vorstellung vom Kampf der Seele.

III

In meiner Erörterung des Platonschen *Alkibiades* habe ich drei zentrale Themen genannt: erstens das Verhältnis zwischen Sorge um sich selbst und Sorge um das politische Leben, zweitens das Verhältnis zwischen Sorge um sich selbst und mangelhafter Bildung, drittens das Verhältnis zwischen Sorge um sich selbst und Selbsterkenntnis. Diese drei Themen können wir bei Platon erkennen, aber auch in der hellenistischen Periode und vier bis fünf Jahrhunderte später bei Seneca, Plutarch, Epiktet und anderen. Dabei sind die Probleme zwar die gleichen, die Lösungen jedoch sind von ganz anderem Zuschnitt und gelegentlich sogar der Platonschen Argumentation entgegengesetzt.

Erstens wird die Sorge um sich selbst in der hellenistischen Periode und in der Kaiserzeit nicht ausschließlich als Vorbereitung auf das politische Leben verstanden. Die Sorge um sich selbst ist zu einem universellen Prinzip geworden. Man muß der Politik entsagen, um sich gründlicher der Sorge um sich selbst widmen zu können.

Zweitens ist die Sorge um sich selbst nicht nur für junge Menschen und ihre Erziehung obligatorisch; vielmehr ist sie eine Lebensform, auf die jedermann sich bis ans Ende seiner Tage verpflichten sollte.

Drittens spielt die Selbsterkenntnis zwar eine wichtige Rolle bei der Sorge um sich selbst, diese umfaßt jedoch noch andere Beziehungen.

Ich möchte die ersten beiden Punkte kurz erörtern: die Universalität der Sorge um sich selbst, unabhängig vom politischen Leben, und die lebenslange Beschäftigung mit sich selbst.

1. An die Stelle des Platonschen Erziehungsmodells tritt ein medizinisches Modell. Die Sorge um sich selbst ist keine spezielle Pädagogik mehr, sondern andauernde gesundheitliche Fürsorge. Es gilt, sein eigener Arzt zu werden.

2. Da wir unser Leben lang Sorge um uns selbst zu tragen haben, liegt das Ziel nicht länger in der Vorbereitung auf das Erwachsenendasein oder auf ein anderes Leben, sondern in der Vorbereitung auf eine gewisse Erfüllung des Lebens. Erreicht wird diese Erfüllung unmittelbar vor dem Tode. Die Vorstellung einer beglückenden Nähe des Todes – des Alters

als Erfüllung – ist die Umkehrung der traditionellen griechischen Wertschätzung der Jugend.

3. Schließlich haben wir noch diverse Praktiken, zu denen die Kultivierung des Selbst Anlaß gegeben hat, sowie die Beziehung der Selbsterkenntnis zu diesen Praktiken.

In *Alkibiades I* stand die Seele in einem Spiegelverhältnis zu sich selbst, wodurch ein Zusammenhang mit dem Konzept der Erinnerung hergestellt ist; außerdem rechtfertigt dies den Dialog als Methode zur Entdeckung von Wahrheit in der Seele. Doch von Platon bis zur hellenistischen Zeit wandelte sich das Verhältnis zwischen Sorge um sich selbst und Selbsterkenntnis. Zwei Perspektiven lassen sich ausmachen.

In den philosophischen Bewegungen der Stoa während der Kaiserzeit treffen wir auf eine andere Auffassung von Wahrheit und Erinnerung und auf eine andere Methode der Selbstprüfung. Zunächst einmal sehen wir, daß der Dialog verschwindet und an seiner Stelle eine neue pädagogische Interaktion wachsende Bedeutung erlangt – ein neues pädagogisches Spiel, bei dem der Meister oder Lehrer spricht, aber keine Fragen stellt, und der Schüler keine Antworten gibt, sondern still und stumm zuhören muß. Eine Kultur des Schweigens bildet sich. In der pythagoräischen Kultur gab es eine pädagogische Regel, wonach die Schüler fünf Jahre lang zu schweigen hatten. Sie stellten keine Fragen und sprachen nicht während des Unterrichts, sondern übten sich in der Kunst des Zuhörens. Das war die positive Voraussetzung für die Aneignung der Wahrheit. In der Kaiserzeit wurde diese Tradition aufgegriffen; hier stoßen wir auf die Anfänge einer Kultur des Schweigens und der Kunst des Zuhörens statt der Kultivierung des Dialogs wie bei Platon.

Wenn wir die Kunst des Zuhörens erfassen wollen, müssen wir Plutarchs Abhandlung über die Kunst, einem Vortrag zuzuhören (*Peri tou akouein*), lesen. Zu Beginn sagt Plutarch, nach der Schule hätten wir zu lernen, unser ganzes Erwachsenenleben lang auf den *logos* zu hören. Die Kunst des Zuhörens ist entscheidend, wenn es darum geht, zwischen Wahrheit und Verstellung zu unterscheiden, zwischen dem, was wahr, und dem, was falsch ist in der Rede des Rhetors. Das Zuhören schließt ein, daß man nicht unter der Kontrolle der Lehrer steht, sondern dem *logos* gehorcht. Während des Vortrags schweigt man; nachher denkt man darüber nach. Das ist die Kunst, der Stimme des Lehrers und der Stimme der Vernunft in uns selbst zu folgen.

Der Rat erscheint fast banal, aber ich denke, er ist bedeutsam. In seiner Abhandlung *De vita contemplativa* beschreibt Philo von Alexandria Schweigebankette, keine ausschweifenden Gastmähler mit Wein, Knaben, wüsten Gelagen und Gesprächen. Wir erleben hier einen Lehrer, der in Form eines Monologs eine Interpretation der Bibel vorträgt und sehr präzise Anweisungen gibt, wie man zu hören hat (*De vita contemplativa* 77).

Die Morphologie des Begriffs des Zuhörens ist ein herausragendes Thema im Mönchtum und in der Pädagogik, die es aus sich entläßt.

Bei Platon sind die Selbstbetrachtung und die Sorge um sich selbst durch den Dialog dialektisch aufeinander bezogen. Jetzt, in der Kaiserzeit, haben wir auf der einen Seite die Verpflichtung, der Wahrheit zuzuhören, und auf der anderen Seite das Gebot, auf das Selbst zu blicken und zu hören, um die darin verkörperte Wahrheit zu entdecken. Der Unterschied zwischen beiden Positionen ist einer der deutlichsten Hinweise auf das Verschwinden der dialektischen Struktur.

Was war Selbsterforschung in dieser Kultur, und wie betrachtete man sich selbst? Für die Pythagoräer hatte Gewissenserforschung mit Reinigung zu tun. Da der Schlaf dem Tod als einer Art Begegnung mit Gott ähnelte, mußte man sich reinigen, bevor man schlafen ging. An den Tod zu denken war eine Übung für das Gedächtnis. Doch in der hellenistischen Periode und in der frühen Kaiserzeit nimmt diese Praxis neue Bedeutungen an. Hier gibt es mehrere relevante Texte: Senecas *De ira* und *De tranquilitate* sowie den Anfang des vierten Buches der *Selbstbetrachtungen* des Marc Aurel.

Senecas *De ira* (Buch 3) enthält noch Spuren der alten Tradition. Er beschreibt dort eine Gewissensprüfung. Gleiches empfahlen die Epikureer, und die Praxis gründete in der epikureischen Tradition. Das Ziel war die Reinigung des Gewissens mittels eines mnemotechnischen Instruments. Tue Gutes, prüfe dich sehr gewissenhaft, dann wirst du gut schlafen und gute Träume haben, im Kontakt mit den Göttern.

Seneca scheint eine juristische Sprache zu bevorzugen, und es hat den Anschein, als wäre das Gewissen Richter und gleichzeitig Angeklagter. Seneca ist der Richter und hält Gericht über das Selbst – die Gewissensprüfung erscheint als eine Art Prozeß. Sieht man jedoch genauer hin, so zeigt sich, daß die Dinge anders liegen: Senecas Sprache verweist weniger auf ein Gerichtsverfahren als auf die Verwaltungspraxis; sie gemahnt an eine Buchprüfung oder an die Besichtigung und Kontrolle eines Bauwerks. Selbstprüfung ist Bestandsaufnahme. Fehler sind nichts anderes als gute Absichten, die nicht in die Tat umgesetzt worden sind. Die Regel ist ein Hilfsmittel, um etwas korrekt zu tun, und nicht, um vergangenes Geschehen zu beurteilen. Die christliche Beichte wird später nach schlechten Absichten Ausschau halten.

Ausschlaggebend ist der administrative Blick auf das eigene Leben, weniger das juristische Modell. Seneca ist kein strafender Richter, sondern ein Buchhalter, der eine Bilanz macht: ein emsiger Buchhalter seiner selbst, kein Richter über seine eigene Vergangenheit. Er sieht, daß alles korrekt getan worden ist, so wie es die Regel vorschreibt, nicht aber das Gesetz. Nicht für reale Vergehen macht er sich Vorwürfe, sondern für mangelnden Erfolg. Seine Irrtümer sind nicht moralischer, sondern strategischer Natur. Er möchte einen Ausgleich schaffen zwischen dem, was er tun wollte, und dem, was er getan hat, und dazu ergründet er nicht seine Schuld, sondern reaktiviert die Verhaltensnormen. In der christlichen Beichte wird dem Beichtenden auferlegt, die Gesetze zu memorieren, zu dem Zweck, daß er seine Sünden entdeckt. Für Seneca geht es nicht darum, Wahrheit im Subjekt zu entdecken, sondern um das Erinnern von Wahrheit, um die Wiederentdeckung einer Wahrheit, die in Vergessenheit geraten ist. Im übrigen vergißt das Subjekt nicht sich selbst, seine Natur, seinen Ursprung, seine Affinität zum Übernatürlichen, sondern die Regeln der Lebensführung; es vergißt, was es hätte tun sollen. Und die Besinnung auf die während des Tages gemachten Fehler mißt den Unterschied zwischen dem, was man getan hat, und dem, was man hätte tun sollen. Das Subjekt ist nicht das Operationsfeld für den Prozeß des Entzifferns, sondern der Ort, an dem die Verhaltensregeln in der Erinnerung zusammenkommen. Das Subjekt bildet den Schnittpunkt zwischen Handlungen, die der Regelung bedürfen, und Regeln für das, was getan werden sollte. Das ist etwas ganz anderes als die Platonsche und als die christliche Auffassung vom Gewissen.

Die Stoiker spiritualisierten den Begriff der *anachoresis*, mit dem der Rückzug einer Armee gemeint sein kann, aber auch ein entlaufener Sklave, der sich vor seinem Herrn versteckt, oder der Rückzug aufs Land, weg von den Städten, wie es bei Marc Aurel geschieht. Der Rückzug aufs Land wird zu einem spirituellen Rückzug in sich selbst. Dabei handelt es sich um eine Einstellung und zugleich um eine ganz bestimmte, Tag für Tag auszuführende Handlung. Man zieht sich in sich selbst zurück, um etwas zu entdecken – um sich an Handlungsregeln, an die wichtigsten Gesetze des Verhaltens zu erinnern. Wir haben es hier mit einer mnemotechnischen Formel zu tun.

IV

Ich habe zwei stoische Selbsttechniken genannt: Briefe an Freunde und die Enthüllung des Selbst; Selbstprüfung und Gewissenserforschung, verbunden mit einem Rückblick auf das, was man getan hat, und das, was man hätte tun sollen, sowie einem Vergleich zwischen beidem. Jetzt möchte ich die dritte stoische Technik betrachten, *askēsis*: keine Entblößung des geheimen Selbst, sondern ein Akt des Erinnerns.

Für Platon gilt es, die Wahrheit zu entdecken, die in uns ist. Für die Stoiker ist Wahrheit nicht in uns selbst, sondern in den *logoi,* den Lehren der Lehrer. Man merkt sich, was man gehört hat, und verwandelt das Gehörte in Verhaltensregeln. Das Ziel dieser Techniken ist die Subjektivierung der Wahrheit. In der Kaiserzeit konnten ethische Grundsätze nicht ohne einen theoretischen Rahmen nach Art der Naturwissenschaft vermittelt werden, wie es zum Beispiel in dem Lehrgedicht *De rerum naturae* des Lukrez der Fall ist. Der Praxis der allabendlichen Selbstprüfung liegen strukturelle Fragen zugrunde. Ich wiederhole, daß es in der Stoa nicht auf die Dechiffrierung des Selbst, nicht auf die Enthüllung eines Geheimnisses ankommt, sondern auf die Erinnerung an das, was man getan hat und was man hätte tun sollen.

Im Christentum hat Askese stets mit einem gewissen Verzicht auf das Selbst und die Wirklichkeit zu tun, weil unser Selbst die meiste Zeit Teil jener Wirklichkeit ist, auf die wir verzichten müssen, wenn wir Zugang zu einer anderen Realität finden wollen. Diese Wendung zum Verzicht auf das Selbst ist ein charakteristisches Merkmal christlicher Askese.

In der von der Stoa bestimmten philosophischen Tradition bedeutet Askese nicht Verzicht, sondern zunehmende Beachtung des Selbst und eine Selbstbeherrschung, die nicht durch Verzicht auf Realität erlangt wird, sondern durch Erwerb und Aufnahme von Wahrheit. Ihr oberstes Ziel ist nicht die Vorbereitung auf eine andere Realität, sondern die Auseinandersetzung mit der Realität dieser Welt. Das griechische Wort dafür ist *paraskeuazō* (»sich bereit machen«). Es bezeichnet eine Reihe von Praktiken, mittels derer man Wahrheit erfassen, aufnehmen und in ein Handlungsprinzip verwandeln kann. *Aletheia* wird zum *ethos*. Auch dies ist ein Prozeß zunehmender Subjektivierung.

Welches sind die Hauptmerkmale der *askēsis*? Zu ihr gehören Übungen, durch die das Subjekt in eine Situation versetzt wird, in der es überprüfen kann, ob es mit Ereignissen fertig zu werden und die Diskurse, mit denen es ausgestattet ist, anzuwenden vermag. Es geht um die Erprobung der Vorbereitung. Ist die Wahrheit hinreichend aufgenommen, so daß sie zur Ethik wird und wir uns so verhalten können, wie wir es sollen, wenn wir mit einem Ereignis konfrontiert werden?

Die Griechen bezeichneten die beiden Pole dieser Übungen mit den Ausdrücken *meletē* und *gymnasia*. *Meletē* bedeutet »Meditation«, entsprechend dem lateinischen *meditatio*. Es hat dieselbe Wurzel wie *epimelēsthai*. Es handelt sich um einen vagen Fachausdruck, der aus der Rhetorik stammt. *Meletē* ist die Arbeit, die man unternimmt, um eine Rede oder eine Improvisation vorzubereiten, indem man über brauchbare Ausdrücke und Argumente nachdenkt. Man mußte die reale Situation durch einen in Gedanken geführten Dialog vorwegnehmen. Philosophische Meditation ist diese Art von Meditation: Sie besteht aus erinnerten Reaktionen und aus der Reaktivierung dieser Erinnerungen, wobei man sich selbst in eine Situation versetzt, in der man sich vorstellen kann, wie man reagieren würde. Man beurteilt die Argumentation, die man benutzen würde, in einer imaginierten Übung (»Nehmen wir an ...«), um eine Handlung oder ein Ereignis zu proben (»Wie würde ich reagieren?«). Sich die Verknüpfung möglicher Ereignisse vorzustellen, um herauszufinden, wie man reagieren würde – das ist Meditation.

Die berühmteste Meditationsübung ist die *praemeditatio mallorum*, wie die Stoiker sie praktizierten. Sie ist eine imaginierte ethische Erfahrung. Auf den ersten Blick erscheint sie als eine düstere und pessimistische Zukunftsvision. Man kann sie mit dem vergleichen, was Husserl über die eidetische Reduktion sagt.

Die Stoiker entwickelten drei eidetische Reduktionen zukünftigen Unglücks. Erstens geht es nicht darum, sich die Zukunft so vorzustellen, wie sie wahrscheinlich eintreten wird, sondern darum, sich das Schlimmste vorzustellen, selbst wenn nur eine geringe Wahrscheinlichkeit besteht, daß es eintreten könnte – das Schlimmste als Gewißheit, als Aktualisierung möglichen Geschehens und nicht als Berechnung von Wahrscheinlichkeiten. Zweitens sollte man nicht davon ausgehen, daß die Dinge in ferner Zukunft möglicherweise eintreten könnten, sondern davon, daß sie bereits aktuell im Begriff sind einzutreten. Zum Beispiel soll man sich nicht vorstellen, daß man vielleicht einmal ins Exil getrieben werden könnte, sondern daß man bereits vertrieben worden ist, daß man gefoltert wird und im Sterben liegt. Drittens tut man dies nicht, um unaussprechliches Leid zu erfahren, sondern um sich davon zu überzeugen, daß es sich dabei nicht um ein reales Übel handelt. Die Reduktion all dessen, was möglich ist, aller Zeit und allen Unglücks, enthüllt etwas, das wir akzeptieren müssen. Sie erlaubt uns, das zukünftige und das gegenwärtige Geschehen zugleich zu erleben.

Auf dem entgegengesetzten Pol befindet sich *gymnasia* (»sich üben«). Während *meditatio* eine imaginierte Erfahrung ist, die das Denken schult, ist *gymnasia* eine Übung in realen Situationen, auch wenn diese künstlich herbeigeführt werden. Dahinter steht eine lange Tradition: sexuelle Enthaltsamkeit, körperliche Entbehrung und andere Reinigungsrituale. Diese Praktiken haben eine andere Konnotation als die Läuterung oder das Bündnis mit dämonischen Kräften bei Pythagoras und Sokrates. In der Kultur der Stoiker fällt ihnen die Aufgabe zu, Unabhängigkeit des Einzelnen von der äußeren Welt herzustellen und zu erproben. In Plutarchs *De genio Socratis* zum Beispiel gibt man sich ausgesprochen harten sportlichen Tätigkeiten hin. Oder man stellt sich selbst auf die Probe, indem man ein herrliches Mahl auftragen läßt und dann auf die köstlichen Gerichte verzichtet; man ruft die Sklaven herein, überläßt ihnen die

Speisen und begnügt sich selbst mit dem für die Sklaven zubereiteten Essen. Ein weiteres Beispiel findet sich in Senecas achtzehntem Brief an Lucilius. Mit Praktiken zur Abtötung des Fleisches bereitet er sich auf ein großes Fest vor, um sich davon zu überzeugen, daß Armut kein Übel ist und daß er sie zu ertragen vermag.

Zwischen den beiden Polen der Übung in Gedanken und der Übung in der Realität, *meletē* und *gymnasia,* gibt es ein ganzes Spektrum mittlerer Möglichkeiten. Epiktet bietet das beste Beispiel für den mittleren Bereich zwischen diesen beiden Polen. Er möchte unablässig über seine Vorstellungen wachen – eine Technik, die ihren Höhepunkt bei Freud findet. Zwei Metaphern sind aus dieser Perspektive bedeutsam: der Nachtwächter, der niemanden in die Stadt läßt, sofern der sich nicht ausweisen kann (wir müssen »Wächter« über den Strom unserer Gedanken sein), und der Geldwechsler, der die Echtheit der Münzen prüft, der sie anschaut, wägt und prüft. Wir müssen Geldwechsler unserer eigenen Vorstellungen und Gedanken sein, müssen sie achtsam auf ihren Metallgehalt, ihr Gewicht und ihre Prägung prüfen.

Die Metapher des Geldwechslers findet sich sowohl bei den Stoikern wie in der frühchristlichen Literatur, hier jedoch in anderer Bedeutung. Wenn Epiktet sagt, man müsse wie ein Geldwechsler sein, dann meint er damit, sobald ein Gedanke einem in den Sinn kommt, müsse man an die Regeln denken, mit denen man ihn prüfen kann. Für Johannes Cassian bedeutet, ein Geldwechsler zu sein und auf seine Gedanken zu achten, etwas ganz anderes; er meint damit, man müsse in den Tiefen der Regung, der die Vorstellung entspringt, zu klären versuchen, ob Wollust oder Begierde darin mitspielen – ob unsere unschuldigen Gedanken aus üblen Ursprüngen hervorgehen, ob hinter ihnen verborgen der große Verführer steht, die Münze unseres Denkens.

Bei Epiktet gibt es zwei Übungen sophistischer und ethischer Art. Einerseits handelt es sich um Übungen, die aus der Schule übernommen sind: Frage-und-Antwort-Spiele. Das

Spiel muß ethischen Charakters sein, das heißt, es muß eine Lehre enthalten. Andererseits handelt es sich um Übungen, die im Gehen zu absolvieren sind. Am Morgen unternimmt man einen Spaziergang und prüft seine Reaktionen auf das Gehen. Der Zweck beider Übungen ist die Kontrolle von Vorstellungen, nicht die Entzifferung der Wahrheit. Sie erinnern daran, daß man den Regeln auch unter widrigen Umständen folgen soll. Die Übungen Epiktets oder Cassians beschreiben Wort für Wort eine vorfreudsche Zensurmaschine. Für Epiktet bedeutet die Kontrolle der Vorstellungen nicht die Erschließung von Handlungsprinzipien, sondern die Besinnung auf sie; durch Selbstprüfung erkennt man, ob diese Prinzipien das eigene Leben regieren. Wir müssen unser eigener Zensor sein. Die Meditation über den Tod bildet den Höhepunkt dieser Übungen.

Nach den Briefen, der Selbsterforschung und der *askēsis* möchte ich auf eine vierte Technik der Selbstprüfung zu sprechen kommen: die Traumdeutung. Im neunzehnten Jahrhundert sollte ihr eine wichtige Rolle zufallen, doch in der antiken Welt besaß sie bloß marginale Bedeutung. Die Einstellung der Philosophen gegenüber der Traumdeutung war ambivalent. Die meisten Stoiker verhalten sich kritisch oder skeptisch zu solchen Interpretationen; im Volk waren sie jedoch weit verbreitet. Es gab Experten, die in der Lage waren, Träume zu deuten, darunter auch Pythagoras und eine Reihe von Stoikern, und manche schrieben sogar Bücher, in denen sie lehrten, wie man seine eigenen Träume deuten konnte. Es gab eine Fülle praxisorientierter Literatur zu diesem Thema, doch das einzig erhaltene Traumhandbuch sind die *Oneirokritika* des Artemidoros aus Ephesus (zweites Jahrhundert unserer Zeitrechnung).

Ich sollte noch zwei weitere Werke erwähnen, die sich mit der Bedeutung der Traumdeutung für das alltägliche Leben beschäftigen. Das erste ist von Synesios aus Cyrene und stammt aus dem vierten Jahrhundert. Er war ein bekannter und gebildeter Mann. Obgleich kein Christ, wollte er Bischof werden. Seine Bemerkungen über Träume sind vor allem deshalb interessant, weil die Veröffentlichung von Wahrsagungen verboten war, um dem Kaiser schlechte Nachrichten zu ersparen. Deshalb durfte man nur seine eigenen Träume deuten; man mußte sich als Selbstdeuter betätigen. Dazu war es nötig, nicht nur die Träume zu behalten, sondern auch die Dinge, die davor und danach geschahen. Man mußte das alltägliche Geschehen aufzeichnen, das des Tages ebenso wie das der Nacht.

In seinen aus dem zweiten Jahrhundert stammenden *Hieroi logoi* zeichnet Ailios Aristeides seine Träume auf und erklärt, wie sie zu deuten sind. Er glaubte, daß wir durch die Traumdeutung von den Göttern Rat empfangen, wie wir unsere Krankheiten heilen können. Mit diesem Werk stehen wir am Kreuzungspunkt zweier Diskurse. Nicht das Aufschreiben der alltäglichen Aktivitäten ist die Matrix der *Hieroi logoi*, sondern die rituelle Niederschrift des Lobs der Götter, die uns geheilt haben.

V

Ich möchte nun das Schema einer der wichtigsten Selbsttechniken des Frühchristentums betrachten und klären, was diese Technik als Wahrheitsspiel darstellte. Dazu muß ich den Übergang von der heidnischen zur christlichen Kultur skizzieren, der ebensowohl Zusammenhänge wie Brüche erkennen läßt.

Das Christentum gehört zu den Heilsreligionen, zu jenen Religionen, die von sich behaupten, den Einzelnen aus einer Realität in eine andere, vom Tod zum Leben, aus der Zeit in die Ewigkeit zu führen. Zu diesem Zweck setzte das Christentum eine Reihe von Bedingungen und Verhaltensregeln, die eine Verwandlung des Selbst gewährleisten sollten.

Das Christentum ist nicht nur eine Heilsreligion, sondern auch eine Bekenntnisreligion. In stärkerem Maße als die heidnischen Religionen erlegt das Christentum den Gläubigen strenge Wahrheitsverpflichtungen sowie dogmatische und kanonische Pflichten auf. Verpflichtungen, dies oder jenes als wahr anzuerkennen und zu glauben, die Pflicht, eine Reihe von Verantwortlichkeiten zu übernehmen, bestimmte Bücher als definitive und unantastbare Offenbarungen zu lesen, autoritär verfügte Entscheidungen in Wahrheitsfragen zu akzeptieren, bestimmte Dinge nicht nur zu glauben, sondern auch zu bekunden, daß man sie glaubt, und institutionelle Autorität gutzuheißen – all das sind Kennzeichen des Christentums.

Neben dem Glauben erheischt das Christentum von den Gläubigen noch eine eigentümliche Wahrheitsverpflichtung. Jeder hat die Pflicht, zu erkennen, wer er ist, das heißt, er soll ergründen, was in ihm vorgeht, er muß versuchen, Fehler, Versuchungen und Begierden in sich selbst ausfindig zu machen, und jedermann ist gehalten, diese Dinge entweder vor Gott oder vor den anderen Mitgliedern der Gemeinschaft zu enthüllen, also öffentlich oder privat gegen sich selbst auszusagen. Die Wahrheitsverpflichtungen hinsichtlich des Glaubens und hinsichtlich des Selbst sind eng miteinander verflochten. Dies ist die Bedingung der Möglichkeit einer Reinigung der Seele, die ohne Selbsterkenntnis nicht zu gewinnen wäre.

Die katholische und die protestantische Tradition sind nicht identisch, aber in beiden finden wir als zentrales Charakteristikum einerseits eine Reihe von Wahrheitsverpflichtungen, die sich auf den Glauben, auf Bücher sowie auf Dogmen stützen, und andererseits eine Verpflichtung zur Wahrheit des Herzens und der Seele. Zur Wahrheit zu gelangen ist ohne Reinheit der Seele nicht möglich; diese ist eine Folge von Selbsterkenntnis und eine Vorbedingung für das Verständnis der Schrift – bei Augustinus heißt es: »Quis facit veritatem« (Wahrheit in sich selbst schaffen, Zugang zum Licht finden).

Wie nun stellte sich die Kirche dieses Zum-Licht-Finden, die Erleuchtung, vor? Als Selbstenthüllung. Das Sakrament der Buße und das Bekenntnis der Sünden sind späte Erfindungen. Die Christen der ersten Jahrhunderte gebrauchten andere Formen, die Wahrheit über sich selbst zu enthüllen und zu entziffern. Eine der zwei Hauptformen solcher Enthüllung läßt sich mit dem Wort *exomologēsis* oder »Anerkennung der Tatsachen« umschreiben. Selbst die lateinischen Kirchenväter benutzten diesen griechischen Ausdruck ohne eine präzise Übersetzung. Für die Christen bedeutete er die öffentliche Anerkennung der Wahrheit ihres Glaubens oder das öffentliche Bekenntnis, daß sie Christen waren. Das Wort *exomologēsis* hatte auch eine Bedeutung im Kontext der Buße. Wenn ein Sünder Buße tun wollte, mußte er seinen Bischof aufsuchen und ihn um Erlaubnis bitten. Im Frühchristentum war Buße kein Akt, sondern ein Status, der einem Menschen zugesprochen wurde, der schwere Sünden begangen hatte.

Exomologēsis war ein Ritual, das die Anerkennung seiner selbst als Sünder und Büßer gebot. Sie besaß mehrere Merkmale. Man konnte für vier bis zehn Jahre Büßer sein, und dieser Status hatte Auswirkungen auf das gesamte Leben. Es gab Fastennormen, Bekleidungsvorschriften und Verbote, welche die Sexualität regulieren sollten. Der Büßer war gezeichnet und konnte nicht genauso leben wie die anderen. Selbst nach der Vergebung blieb er bestimmten Verboten unterworfen, zum Beispiel durfte er nicht heiraten und konnte nicht Priester werden.

Innerhalb dieses Status gilt die Verpflichtung zur *exomologēsis*. Der Sünder strebt nach Buße. Er sucht seinen Bischof auf und bittet ihn, er möge ihm den Status des Büßers auferlegen. Er muß erklären, weshalb er diesen Status wünscht, und er muß seine Verfehlungen eingestehen. Dabei handelte es sich nicht um eine Beichte, sondern um die Voraussetzung des Büßerstatus. Später dann, im Mittelalter, wurde *exomologēsis* zu einem Ritual, das am Ende der Bußzeit unmittelbar vor der Vergebung stattfand. Mit dieser Zeremonie wurde der Büßer wieder in die Gemeinschaft der Christen aufgenommen. Von dieser Anerkennungszeremonie sagt Tertullian, der Sünder stehe voller Demut, in Sack und Asche, vor der Kirche; dann werfe er sich zu Boden und küsse seinen Glaubensbrüdern die Füße (*De poenitentia* 9–12). *Exomologēsis* ist kein sprachlicher Akt, sondern eine dramatische Besiegelung des Büßerstatus. Sehr viel später, in den Briefen des Hieronymus, findet sich eine Beschreibung der Bußübungen der römischen Dame Fabiola, die sich zu dieser Zeit im Stande einer Büßerin befand. Die Menschen weinten mit ihr und entfesselten ihre öffentliche Buße zu einem dramatischen Ereignis.

Anerkennung bezeichnet auch den gesamten Prozeß, den der Büßer in seinem Status über die Jahre hinweg durchmißt. Der Büßer ist das Aggregat des manifestierten Bußverhaltens, der Selbstbestrafung ebenso wie der Selbstoffenbarung. Die Akte, durch die er sich selbst bestraft, sind nicht zu unterscheiden von den Akten, durch die er sich selbst offenbart. Selbstbestrafung und freiwillige Selbstenthüllung sind miteinander verknüpft. Diese Verbindung zeigt sich in zahlreichen Schriften. Cyprian zum Beispiel spricht davon, daß Scham und Demut zu bekunden seien. Buße zu tun ist keine nominelle, sondern eine dramatische Handlung.

Zu beweisen, daß man duldend zu leiden vermag, seine Schande öffentlich zu zeigen, Scham und Demut zu demonstrieren – das sind die Kennzeichen der Selbstbestrafung. Das Frühchristentum begreift die Buße als eine Lebensweise, die man unter Beweis stellt, indem man die Pflicht zur Selbstoffenbarung auf sich nimmt. Buße muß sichtbar dargestellt und von anderen begleitet werden, die das Ritual kennen. Dieses Verständnis hielt sich bis ins fünfzehnte und sechzehnte Jahrhundert.

Tertullian verwendet den Ausdruck »publicatio sui« zur Bestimmung der *exomologēsis*. »Publicatio sui« hat eine Verwandtschaft mit Senecas alltäglicher Selbstprüfung, die jedoch ganz und gar privaten Charakters war. Für Seneca schließt *exomologēsis* oder »publicatio sui« nicht die verbale

Analyse von Taten und Gedanken ein; er faßt sie als somatischen oder symbolischen Ausdruck. Was für die Stoiker privater Natur war, besaß für die Christen öffentlichen Rang.

Welche Funktionen erfüllte die »Veröffentlichung«? Sie war, erstens, ein mögliches Mittel, sich von Sünden reinzuwaschen und die in der Taufe erlangte Reinheit wiederzugewinnen. Zweitens sollte sie den Sünder als das zeigen, was er war. Hier wurzelt das tiefe Paradoxon, das die *exomologēsis* auszeichnet. Sie tilgt die Sünde und enthüllt gleichwohl den Sünder. Im Grunde bestand der Akt der Buße nicht darin, die Wahrheit über die Sünde zu sagen, sondern darin, das wahre sündige Wesen des Sünders aufzudecken. Es ging nicht darum, daß der Sünder seine Sünden erklärte, sondern darum, daß er sich als Sünder präsentierte.

Warum sollte solche Selbstdarstellung die Sünden tilgen? Aufdeckung ist der Kern der *exomologēsis*. In den ersten Jahrhunderten standen den christlichen Autoren drei Modelle zur Verfügung, wenn sie das paradoxe Verhältnis zwischen der Tilgung der Sünden und der Selbstenthüllung formulieren wollten. Das erste ist das ärztliche Modell: Man muß seine Wunden zeigen, wenn sie geheilt werden sollen. Ein zweites, minder häufiges Modell war der Strafprozeß: Man stimmt den Richter milde, indem man das Vergehen zugibt; der Sünder spielt den *advocatus diaboli*, so wie der Teufel es beim Jüngsten Gericht tun wird. Doch das wichtigste Modell zur Erklärung der *exomologēsis* war das Modell des Todes, der Folter und des Martyriums. Theorie und Praxis der Buße kreisen um das Problem, lieber den Tod in Kauf zu nehmen als Kompromisse einzugehen oder dem Glauben abzuschwören. Der Märtyrer, der dem Tod ins Auge blickt, ist das Vorbild für den Büßer. Will der Abtrünnige wieder in den Schoß der Kirche aufgenommen werden, so muß er sich freiwillig einem rituellen Martyrium unterziehen. Buße ist der Affekt des Wandels, des Bruchs mit dem Selbst, mit der Vergangenheit und der Welt. Man bezeugt damit, daß man fähig ist, auf das Leben und sich selbst zu verzichten, dem

Tod standzuhalten, ihn zu akzeptieren. Das Ziel der Buße ist nicht Herstellung von Identität; sie dient vielmehr dazu, die Abkehr vom Ich zu demonstrieren. »Ego non sum, ego.« Diese Formel markiert das Programm der »publicatio sui«. Sie steht für den Bruch mit der eigenen Identität. Mit ostentativen Gesten soll die Wahrheit des Zustandes bekundet werden, in dem der Sünder sich befindet. Selbstenthüllung ist zugleich Selbstzerstörung.

Den Unterschied zwischen der stoischen und der christlichen Tradition macht, daß für den Stoiker Selbstprüfung, Selbstbeurteilung und Selbstdisziplin den Weg zur Selbsterkenntnis weisen; Wahrheit über das Selbst wird durch Erinnerung, das heißt durch Besinnung auf die Regeln, erlangt. In der *exomologēsis* indes gewinnt der Büßer Wahrheit über das Selbst durch einen gewaltsamen Bruch und durch Auflösung. Es ist wichtig, festzuhalten, daß *exomologēsis* nicht verbal ist, sondern symbolisch, rituell und theatralisch.

VI

Im vierten Jahrhundert finden wir eine ganz andere Technik der Selbstenthüllung, *exagoreusis*, die zwar minder bekannt ist als *exomologēsis*, aber größere Bedeutung besitzt. Es handelt sich dabei um eine Reminiszenz an die Verbalisierungsübungen im Verhältnis zu einem Lehrer/Meister in den heidnischen Philosophenschulen. Wir können hieran beobachten, wie gewisse stoische Selbsttechniken in die spirituelle Technologie des Christentums übersetzt wurden.

Zumindest eines der von Johannes Chrysosthomos vorgeschlagenen Beispiele einer Selbstprüfung gleicht in seiner Form und seinem administrativen Charakter durchaus dem Verfahren, das Seneca in seiner Abhandlung *De ira* beschreibt: Am Morgen sollen wir über unsere Ausgaben nachdenken, und am Abend sollen wir vor uns selbst Rechenschaft über unser Verhalten ablegen; wir müssen prüfen, was zu unserem Vorteil war und was uns zur Unehre gereichte, und dies in Gebeten statt mit indiskreten Worten. Das ist genau der Senecasche Stil der Selbstprüfung. Allerdings ist diese eklatante Übereinstimmung ein Ausnahmefall und hat in der christlichen Literatur kaum Parallelen. Die hochentwickelte Praxis der Selbstprüfung im christlichen Mönchtum zum Beispiel unterscheidet sich grundlegend von der bei Chrysosthomos und von der *exomologēsis*. Diese neuartige Praxis wollen wir nun aus der Perspektive zweier Prinzipien christlicher Spiritualität betrachten: Gehorsam und Kontemplation.

Bei Seneca hatte die Beziehung zwischen Schüler und Lehrer durchaus Bedeutung, aber diese Beziehung war instrumenteller und beruflicher Art. Sie gründete in der Fähigkeit des Lehrers, den Schüler durch Rat und Unterweisung zu einem Leben in Glück und Autonomie zu führen, und sie endete, wenn der Schüler zu diesem Leben gefunden hatte. Aus einer Vielzahl von Gründen besitzt der Gehorsam im mönchischen Leben einen ganz anderen Charakter. Der Unterschied gegenüber dem griechisch-römischen Typus der Beziehung zum Lehrer liegt darin, daß der Gehorsam nicht allein auf dem Bedürfnis nach Selbstverbesserung beruht, sondern sämtliche Aspekte des mönchischen Daseins umfassen muß. Kein Element im Leben des Mönchs ist von dieser fundamentalen und permanenten Gehorsamsbindung an den Herrn und Meister ausgenommen. Johannes Cassian faßt dies in einen alten Grundsatz aus östlicher Tradition: »Alles, was der Mönch ohne die Erlaubnis seines Meisters tut, ist Diebstahl.« Gehorsam meint hier die vollständige Kontrolle des Verhaltens durch den Meister und keinen durch Autonomie geprägten Endzustand. Er gründet in Selbstaufgabe und im Verzicht auf eigenen Willen. Dies ist die neue Selbsttechnik. Für alles, was er tut und unternimmt, bedarf der Mönch der Zustimmung seines Oberen. Nicht einen einzigen Augenblick, nicht einmal im Sterben, handelt der Mönch autonom. Und wenn er selbst der Obere wird, hat er den Geist des Gehorsams zu bewahren, den Geist des Gehorsams als permanente Einwilligung in die permanente Kontrolle des Verhaltens durch den Meister. Das Selbst muß sich durch Gehorsam als Selbst konstituieren.

Das zweite Charakteristikum des mönchischen Lebens ist die Kontemplation als höchster Wert. Der Mönch soll seine Gedanken ständig auf Gott richten und dafür Sorge tragen, daß sein Herz rein genug ist, um Gott zu schauen. Das Ziel ist die fortwährende Anschauung Gottes.

Die Selbsttechnologie, die sich aus Gehorsam und Kontemplation im Mönchtum entwickelte, weist einige Besonderheiten auf. Cassian führt sie uns deutlich vor Augen, einen Modus der Selbstprüfung, den er den mönchischen Traditionen Syriens und Ägyptens entlehnte. Und diese aus östlichen Quellen stammende, ganz auf Gehorsam und Kontemplation eingeschworene Selbsttechnologie bezog sich weit mehr auf Gedanken als auf Handlungen. Seneca hatte die Betonung auf das Handeln gelegt. Bei Cassian bilden nicht die Handlungen des verflossenen Tages den Gegenstand der Vergewisserung, sondern die gegenwärtigen Gedanken. Da der Mönch sein Denken nachdrücklich auf Gott zu richten hat, muß er den Strom seiner Gedanken unablässig prüfen. Die Prüfung besteht in der Unterscheidung der Gedanken, die zu Gott hinführen, von solchen, die dies nicht tun. Diese entschlossene Hinwendung zur Gegenwart steht für etwas ganz anderes als die Senecasche Besinnung auf Taten und deren Übereinstimmung mit Regeln. Die Griechen belegten sie mit einem pejorativen Ausdruck: *logismoi* (Grübelei, Vernünftelei, berechnendes Denken). Cassian gibt eine Etymologie des Wortes *logismoi,* von der ich nicht weiß, ob sie zutrifft: *coagitationes.* Der Geist ist »polukinetos«, »ständig in Bewegung« (*Siebente Unterredung ... mit Abt Serenus* 4). Cassian erachtet die ständige Bewegung des Geistes für eine seiner Schwächen; sie lenkt ab von der Betrachtung Gottes (*Vierzehnte Unterredung ... mit Abt*

Nesterus 13). Die Prüfung des Gewissens besteht in dem Bemühen, das Bewußtsein stillzustellen, die Bewegungen des Geistes, die von Gott ablenken, anzuhalten. Daher gilt es, jeden Gedanken, der sich einstellt, nach dem Verhältnis von Tun und Denken, Wahrheit und Realität zu bemessen und herausfinden, ob ihm irgend etwas anhaftet, das unseren Geist in Unruhe versetzen, unsere Begierde anstacheln, uns von Gott ablenken könnte. Dieses Verfahren gehorcht der Vermutung einer geheimen Begierde.

Es gibt drei Haupttypen der Selbsterforschung: erstens die Selbstprüfung im Hinblick auf das Verhältnis von Gedanken und Realität (Descartes); zweitens die Selbsterforschung im Hinblick auf die Art und Weise, wie unsere Gedanken sich zu bestimmten Regeln verhalten (Seneca); drittens die Selbsterforschung im Hinblick auf das Wechselspiel zwischen dem verborgenen Gedanken und einer inneren Unreinheit. Genau hier setzt die christliche Hermeneutik des Selbst mit ihrer Entzifferung innerer Prozesse an. Sie unterstellt, daß da etwas in uns verborgen ist und daß wir in Selbsttäuschung befangen sind, die das Geheimnis schützt.

Um diese Art von Prüfung zu leisten, sagt Cassian, müssen wir Sorge um uns selbst tragen, müssen wir uns direkt mit unseren Gedanken beschäftigen. Er gebraucht drei Vergleiche. Der erste ist der Vergleich mit der Mühle (*Erste Unterredung ... mit Abt Moyses* 18). Gedanken sind wie Korn, und das Bewußtsein ist wie der Speicher einer Mühle; als Müller ist es unsere Aufgabe, das schlechte Korn von dem guten zu sondern, das auf den Speicher darf, damit das gute Mehl und das gute Brot unserer Erlösung daraus gemacht werden können.

Der zweite Vergleich ist ein militärischer (*Siebente Unterredung ... mit Abt Serenus* 5). Cassian spricht von dem Offizier, der den guten Soldaten befiehlt, nach rechts zu treten, und den schlechten, nach links. Wir müssen so handeln wie Offiziere, die die Soldaten in zwei Gruppen teilen: die gute und die schlechte.

Der dritte Vergleich ist der mit dem Geldwechsler (*Erste Unterredung ... mit Abt Moyses* 20–22). Das Gewissen ist der Geldwechsler des Selbst. Es muß die Münzen prüfen, ihre Prägung, ihr Metall, ihre Herkunft. Es muß sie wägen, um zu erkennen, ob sie abgenutzt sind. So wie das Bild des Kaisers der Münze eingeprägt ist, so muß das Bild Gottes unseren Gedanken eingeprägt sein. Wir müssen die Qualität unserer Gedanken testen: Ist dieses Bild Gottes real? Welchen Grad an Reinheit hat es? Ist es mit Wollust und Begierden durchmischt? Wir finden hier also dieselbe Metapher wie bei Seneca, aber mit ganz anderer Bedeutung. Wenn es unsere Aufgabe ist, uns unablässig als Geldwechsler unserer selbst zu betätigen, wie ist es dann möglich, diese Unterscheidung zu treffen und zu erkennen, ob ein Gedanke von guter Qualität ist? Wie läßt sich diese »Unterscheidung« praktisch bewerkstelligen? Dazu gibt es nur ein Mittel: alle unsere Gedanken unserem Oberen mitzuteilen, unserem Meister in allen Belangen zu gehorchen, uns auf die permanente Verbalisierung unserer geistigen Regungen einzulassen. Bei Cassian ist die Selbstprüfung dem Gehorsam und der permanenten Verbalisierung von Gedanken untergeordnet. In der Stoa war beides nicht der Fall. Indem der Mönch nicht lediglich seine Gedanken, sondern sogar die geringsten Impulse seines Bewußtseins und seine Absichten artikuliert, tritt er in eine hermeneutische Beziehung nicht nur zu seinem Meister, sondern zu sich selbst. Diese Verbalisierung ist der Prüfstein oder das Geld des Denkens.

Warum vermag das Bekenntnis diese hermeneutische Aufgabe zu erfüllen? Wie können wir die Hermeneuten unserer selbst sein, indem wir über alle unsere Gedanken sprechen und sie transkribieren? Durch das Bekenntnis wird der Meister, der über größere Erfahrung und Weisheit verfügt, in Kenntnis gesetzt, und er kann besseren Rat erteilen. Und auch wenn der Meister, der die Fähigkeit der Unterscheidung besitzt, nichts sagt, sorgt allein die Tatsache, daß der Gedanke ausgedrückt worden ist, für die Unterscheidung.

Cassian gibt das Beispiel eines Mönchs, der Brot gestohlen hat. Zunächst kann er nichts sagen. Was gute und böse Gedanken voneinander unterscheidet, ist, daß böse Gedanken sich schwer ausdrücken lassen, denn das Böse ist verborgen und ungesagt. Weil man böse Gedanken nicht ohne Schwierigkeiten und Scham ausdrücken kann, mag die kosmologische Differenz zwischen Licht und Dunkel, zwischen Verbalisierung und Sünde, Heimlichkeit und Schweigen, zwischen Gott und Satan nicht deutlich werden. Schließlich wirft der Mönch sich zu Boden und gesteht. Erst während er in Worten bekennt, weicht der Teufel von ihm. Der sprachliche Ausdruck ist das entscheidende Siegel (*Zweite Unterredung ... mit Abt Moyses* 2), das Bekenntnis ein Wahrheitszeichen. Zwar ist die permanente Verbalisierung ein Ideal, das sich niemals vollkommen verwirklichen läßt. Doch ihr Preis war, daß alles, was nicht gesagt werden konnte, zur Sünde wurde.

Zusammenfassend können wir sagen, daß es im Christentum der ersten Jahrhunderte zwei Hauptformen der Selbstenthüllung gab, zwei Wege, auf denen man die Wahrheit über sich selbst offenbarte. Die erste Form ist *exomologēsis* oder der dramatische Ausdruck der Situation des Büßers als eines Sünders, der seinen Status als Sünder publik macht. Die zweite Form wird in der spirituellen Sprache *exagoreusis* genannt. Sie erheischt die unablässige analytische Verbalisierung von Gedanken im Zeichen des absoluten Gehorsams gegenüber einem anderen. Diese Gehorsamsbeziehung ist bestimmt durch den Verzicht auf eigenen Willen und das eigene Selbst.

Zwischen *exomologēsis* und *exagoreusis* herrscht eine beträchtliche Differenz, aber es gibt auch ein wesentliches gemeinsames Element: Enthüllung ist nicht möglich ohne Verzicht. *Exomologēsis* orientiert sich am Modell des Martyriums; in der *exagoreusis* hatte der Sünder sich mittels asketischer Kasteiungen zu »töten«. Ob durch das Martyrium oder durch den Gehorsam gegenüber einem Meister, die Enthüllung des Selbst ist der Verzicht auf das Selbst. Die Praxis der *exagoreusis* hält sich von den Anfängen des Christentums bis ins siebzehnte Jahrhundert, wobei die Einführung des Bußsakraments im dreizehnten Jahrhundert ihr kräftig Vorschub leistete.

Das Thema des Verzichts auf das eigene Selbst ist hoch bedeutsam. In der gesamten Geschichte des Christentums besteht ein Zusammenhang zwischen dramatischer oder verbalisierter Selbstenthüllung und dem Verzicht auf das eigene Selbst. Meine Hypothese angesichts der beiden Techniken lautet, daß der zweiten, der auf Verbalisierung beruhenden Technik das größere Gewicht zukam. Seit dem achtzehnten Jahrhundert und bis in die Gegenwart sind die Techniken der Verbalisierung von den sogenannten Sozialwissenschaften in einen anderen Kontext transformiert worden, wo sie instrumentell der Herausbildung eines neuen Selbst dienstbar gemacht werden. Die Anwendung dieser Techniken, ohne die ursprünglich mit ihnen verknüpfte Verzichtleistung einzufordern, markiert einen historischen Bruch.

3 LUTHER H. MARTIN
Selbsttechniken und Selbsterkenntnis in der syrischen Thomastradition

»Wenn wir uns die Gestalten ansehen, die in einer Gesellschaft am höchsten geschätzt und am tiefsten verachtet werden, dann erschließt sich uns wie nirgendwo sonst, welche Erwartungen und Hoffnungen der Durchschnittsmensch im Hinblick auf sich selbst hegt.«[1]

Die Ansicht, daß die hellenistische Geschichtsperiode das Ergebnis der Herausforderung des Perserreiches durch Alexander sei, hat, seit J. G. Droysen sie Mitte des neunzehnten Jahrhunderts erstmals skizzierte, der Deutung der hellenistischen Kultur als einer synkretistischen Homologie Vorschub geleistet. Obwohl sich durchaus gemeinsame Systemstrukturen erkennen lassen, welche die Abgrenzung einer hellenistischen Kultur gestatten[2], dürfen darüber nicht die kulturellen Unterschiede aus dem Blickfeld geraten, wie sie innerhalb dieses Systems zum Beispiel zwischen Konzepten von Ichidentität erkennbar sind.

Die Entstehung des Individualismus in der hellenistischen Welt signalisierte nicht jene kraftvolle Verheißung, die im Humanismus der Renaissance sich verdichtete, sondern eine Problemlage, die angesichts der für die hellenistische Zeit charakteristischen Veränderungen nach einer Lösung verlangte. Ein lokales Bild des Kosmos war durch die erweiterte Topographie des ptolemäischen Systems ersetzt worden. Der Aufstieg des griechisch-mazedonischen Alexanderreiches hatte die überkommenen Konventionen politischer Identität mit ihren vielfach uneingelösten kosmopolitischen Idealen ins Wanken gebracht. Die kollektive Ehrfurcht vor politischer Loyalität oder vor den Oppositionsgesten der dionysischen *orgia*, die Euripides in den *Bacchen* beschrieben hat, wich den labyrinthischen Suchbewegungen, wie sie Apuleius Lucius unternimmt. Und auf die klassischen Spekulationen eines Platon und eines Aristoteles über die metaphysische und kosmologische Ordnung folgten die ethischen Problemstellungen der hellenistischen Philosophie. Aus diesen Veränderungen ging jene Frage hervor, die der anonyme Jedermann an Jesus richtete: »Was muß ich tun?« (Markus 10.17)

Die stoische und die gnostische Ethik waren alternative Antworten auf die neuen Anforderungen, die das Leben in der hellenistischen Ära stellte. Beide akzeptierten *heimarmenē*, ein naturgegebenes Schicksal, als normatives Prinzip des Kosmos und stellten es über die Macht jedes Herrschers, ob er nun Kaiser war oder Gott. Und beide betonten die verheerenden Folgen der Leidenschaften, der sinnlichen Welt, für die Selbsterkenntnis. Beide reagierten indessen nicht mit ausgeprägten Denksystemen; vielmehr handelt es sich um unterschiedliche Lebensstrategien innerhalb eines kohärenten kulturellen und geschichtlichen Kontexts.

Die Stoiker übertrugen traditionelle philosophische Werte auf den neuen Individualismus und lehrten die Zähmung der Leidenschaften durch Selbsterforschung, mit dem Ziel, ein harmonisches Verhältnis zur äußeren Ordnung herzustellen. Wahre Freiheit war die geistige Freiheit der Selbsterkenntnis, die einem Ordnungsprinzip des Kosmos entsprach und es anerkannte. Die Gnostiker dagegen repräsentierten eine hellenistische Strategie individueller Existenz *par excellence*. Sie waren nur selten in autonomen institutionellen Formen organisiert; vielmehr artikulierten sie ihre Anschauungen im Medium gegebener religiöser und philosophischer Alternativen.[3] Sie lehnten die Welt samt den sie organisierenden Mächten ab. Ihre antikosmische Rebellion gründete in der absoluten Gewißheit eines Wissens, von dem sie glaubten, daß es in einer Offenbarung von jenseits der normierenden kosmischen Grenzen des bis dahin für möglich Gehaltenen wurzelte.[4] Auf die neuen Lebensverhältnisse der hellenistischen Welt antwortete das gnostische Denken: »Erkenne dich selbst, und du erlangst Wissen darüber, wer wir sind und was wir geworden sind, wo wir sind oder wohin wir gestellt sind, wohin wir gehen, wovon wir erlöst werden, was Geburt ist und was Wiedergeburt«, wie es der valentinianische Gnostiker Theodotus im zweiten Jahrhundert ausdrückte.[5] Oder in den Worten seines Zeitgenossen, des christlichen Theologen und Gnostikers Clemens von Alexandria: »Die größte Wissenschaft ist die Selbsterkenntnis. Wer sich selbst kennt, wird ihm [Gott] ähnlich.«[6]

Die Delphische Maxime wurde in der griechischen und hellenistischen Literatur allgemein[7] und insbesondere in der gnostischen Literatur häufig zitiert.[8] Seit dem Platon zugeschriebenen *Alkibiades I* stand Selbsterkenntnis im Zentrum westlichen ethischen Denkens. Als der junge Alkibiades ins öffentliche Leben eintreten will (123[d]), sucht Sokrates ihn unter Hinweis auf die Delphische Maxime zur Selbsterkenntnis zu führen (124[a]–124[b]): Wenn der politische Führer sich selbst erkenne, dann erkenne er auch die Erfordernisse der anderen und damit die des Staates (133[d] – 134[a]). Auf die Frage des Alkibiades, wie er denn Selbsterkenntnis erlangen könne (124[b]), antwortet Sokrates, er werde sich selbst erkennen, wenn er Sorge um sich selbst trage (*epimelēsthai sautou*; 127[e], 132[c]).

Für die westliche Tradition war Selbsterkenntnis abhängig von gewissen Verpflichtungen, die mit der Sorge um sich selbst zusammenhingen.[9] Eine östliche »gnostische« Tradition, die ihren Ideenherd wahrscheinlich in Edessa hatte, erklärt Thomas, der im Gegensatz zu westlichen kanonischen Überlieferungen kein »ungläubiger« Thomas ist (Joh. 20.24–29), zum Vorbild individueller Selbsterkenntnis.[10] Diese Tradition führt vom *Thomasevangelium* und dem *Buch des Thomas*, beide aus dem zweiten Kodex der Nag-Hammadi-Bibliothek, bis zu den *Thomasakten*.[11] Die

Verknüpfung der Sorge um sich selbst mit der Delphischen Maxime der Selbsterkenntnis, die für die griechisch-römische ethische Literatur seit Platon charakteristisch war, ist auch für diese östliche Thomastradition charakteristisch, wiewohl nicht im Sinne einer Verpflichtung, sondern eines Verbots.

Die syrischen *Thomasakten*, die aus dem frühen dritten Jahrhundert stammen[12], gehören zu einer östlichen Sammlung apokrypher *Apostelgeschichten*, die seit dem fünften Jahrhundert Leucius Charinus, einem angeblichen Begleiter des Apostels Johannes, zugeschrieben werden.[13] Die *Thomasakten* werden einem Genre romanhafter hellenistisch-orientalischer Literatur zugerechnet, das nur unscharf definiert und hauptsächlich durch die abenteuerlichen Reisen des Helden sowie dessen erotische Begegnungen gekennzeichnet ist.[14] Dieser Thomas-»Roman« elaboriert ältere Themen der Thomastradition, die von der angeblichen Missionstätigkeit des Thomas in Indien berichten.

Die *Thomasakten* beginnen mit einer Art Lotterie, mit der die Jünger Jesu bestimmen, in welcher Weltregion jeder von ihnen das Evangelium verbreiten soll. Thomas »zieht« Indien, doch ist ihm, dem Juden, nicht recht geheuer, in ein so fremdes Land zu reisen. Jesus hilft ein wenig nach, Thomas wird als Sklave an den indischen Kaufmann Abban verkauft, der schon bald die Segel setzt, Thomas im Schlepptau. Zuerst gelangen sie nach Andrapolis, wo man gerade ein großes Fest feiert, weil die einzige Tochter des Königs heiratet. Während der Festlichkeiten gibt ein Mundschenk Thomas eine Backpfeife, vermutlich aus Wut über die Beachtung, die ihm eine jüdische Flötenspielerin gewährt. Zur Antwort verkündet Thomas: »Mein Gott wird dir in der zukünftigen Welt dies Unrecht vergeben, in dieser Welt aber wird er seine Wunder zeigen, und ich werde gleich jetzt sehen, wie die Hand, die mich geschlagen hat, von Hunden fortgeschleppt wird« (*Th. A.* 6)) – eine Reaktion, die nach kanonischen Maßstäben kaum als barmherzig gelten kann. Und in der

Tat, so berichten die *Akten*, als der Mundschenk zum Brunnen geht, um Wasser zu holen, wird er von einem Löwen angefallen und zerfleischt, und ein schwarzer Hund packt die rechte Hand, die Thomas geschlagen hatte, und trägt sie im Maul zu der Festgesellschaft zurück.

Damit hat Thomas nicht nur die Aufmerksamkeit der Flötenspielerin, sondern der ganzen Gesellschaft auf sich gelenkt, und der König bittet ihn, für die Ehe seiner Tochter zu beten. Nachdem Thomas zu Jesus gebetet hat, er möge den Jungvermählten tun, »was ihnen hilft, nützt und frommt«, segnet er das Paar und geht.

Als schließlich alle gegangen sind, nähert sich der Bräutigam ängstlich seiner Angetrauten und stößt zu seinem Erstaunen im Schlafzimmer auf Jesus, der in Gestalt seines Zwillings Thomas mit der Braut plaudert. Die drei lassen sich nieder, um die Situation gemeinsam zu bereden, und Jesus rät den Brautleuten, auf jenen »schmutzigen Verkehr« zu verzichten, den sie offensichtlich im Sinn hatten:

> »Erkennet, daß ihr, wenn ihr euch von diesem schmutzigen Verkehr befreit, heilige Tempel, rein und solche werdet, die von Leiden und Schmerzen, offenbaren und nicht offenbaren, befreit sind; und ihr werdet euch nicht Sorgen für Leben [*phrontidas biou*] und Kinder auferlegen, deren Ende Verderben ist. [...] Wenn ihr aber gehorcht und eure Seelen Gott rein bewahrt, werden euch lebendige Kinder werden [...] und werdet ohne Sorgen sein [*amerimnoi*].« [*Th. A.* 12]

Unerwartet für den heutigen Leser und wahrscheinlich auch für die nichtchristlichen Zeitgenossen des Thomas dankt der Bräutigam Jesus für dessen unerbetenen, aber gerade noch rechtzeitig erteilten Rat und dafür, daß er ihn über seinen moralisch bedenklichen Zustand aufgeklärt und ihn angeleitet hat, nach sich selbst zu suchen und zu erkennen (*gnōnai*), wer er war und wie und wer er jetzt ist (*Th. A.* 15).

Die *Thomasakten* präsentieren eine Selbsterkenntnis, die aus Geheimlehren (*gnosis*) schöpft, welche Thomas von Jesus empfangen hat (*Th. A.* 39) und die nun in diesem Bericht von seiner Missionstätigkeit aufgezeichnet sind. Anders als in der westlichen ethischen Tradition führt Selbsterkenntnis hier zur Freiheit von Sorge (*aphrontis*, *amerimnos*; *Th. A.* 12, 35). Diese antithetische Beziehung zwischen Selbsterkenntnis und der Sorge um sich selbst ist soteriologisch. Durch den Verzicht auf den »schmutzigen Verkehr« (siehe auch *Th. A.* 43) wird die Braut nun nicht einem »vergänglichen« Ehemann verbunden, sondern mit dem »wahrhaftigen Mann« vermählt (*Th. A.* 14); der Bräutigam erkennt sein wahres Selbst (*Th. A.* 15, siehe auch 43 und 144), und sogar die Flötenspielerin findet durch diese Ereignisse zu soteriologischer Ruhe (*anapausis*).[15] In der dritten Akte kommt ein junger Mann, der von einem Drachen getötet, von Thomas aber wieder zum Leben erweckt worden ist, zu dem Schluß: »Ich aber wurde frei von Sorge [*phrontidos*], von der nächtlichen Sorge und ruhte aus von der täglichen Arbeit« (*Th. A.* 34).

In der sokratischen Verpflichtung zur Sorge um sich selbst überschneiden sich zwei Sphären, die politische und die erotische. Der junge Alkibiades, der ins öffentliche Leben einzutreten wünscht, gibt sich Sokrates als seinem ersten Liebhaber hin (*Alk. I* 103[a], 104[e]). Will man sich selbst erkennen, muß man Sokrates zufolge den Körper, seine eigene Sexualität, kennen, und man muß sich darauf verstehen, am politischen und gesellschaftlichen Geschehen zu partizipieren. Dieses positive Verhältnis zwischen Selbsttechniken und dem, was nicht dem Selbst angehört – Lehrer, die Polis (oder der soziopolitische Bereich) und der Kosmos –, ist ein ständiges Thema westlichen Philosophierens.

Auch in den *Thomasakten* wird ein politischer Kontext hergestellt, wenn Thomas den Hochzeitsfeierlichkeiten der Prinzessin am Hofe des Königs beiwohnt und dann aktiv in das königliche Fest eingreift, indem er das Brautpaar segnet.

Doch Thomas nimmt gegen seinen Willen an den öffentlichen Angelegenheiten teil, während Alkibiades dies bewußt anstrebt. Auch ein erotischer Kontext wird in den *Thomasakten* erzeugt, als der Bräutigam sich zum erstenmal seiner Angetrauten nähert. Doch die Braut gibt sich nicht körperlich ihrem Ehemann hin, sondern spirituell dem »wahrhaftigen Mann« Jesus. Jesus zeigt der Braut und dem Bräutigam, ganz wie Sokrates es den Alkibiades lehrte, daß Selbsterkenntnis nicht Sache des Körpers, sondern der Seele ist (*Alk. I* 130^{e}, 132^{b-c}). Aber – und hier gehen die beiden Diskurse auseinander – in der platonischen und späteren stoischen Tradition erfordert Selbsterkenntnis Praktiken der Sorge um sich selbst, die durch ein Geflecht von Verpflichtungen und Diensten gekennzeichnet sind, während in der östlichen Thomastradition Selbsterkenntnis in der Freiheit von Sorge gründet, die ein Geflecht von Verboten prägt.

Das koptische *Buch von Thomas dem Athleten*, das aus demselben Nag-Hammadi-Kodex stammt wie das *Thomasevangelium*, ist ein wenig älter als die *Thomasakten* und datiert aus dem zweiten Jahrhundert.[16] Dort werden die nämlichen Verbote eingeführt wie in den *Thomasakten*, allerdings im Rahmen eines Offenbarungsdialogs. Er erweist sich indessen als Scheindialog, wenn Thomas zu Jesus sagt: »Du, Herr, bist es, dem es zukommt zu reden; mir aber, dir zuzuhören« (*BTh. 142.9*). Obwohl Jesus betont, daß Thomas die geheimen Lehren bereits kennt und abgewogen hat, fordert er ihn auf, sich selbst im Lichte dieser Offenbarung zu prüfen, um zu erkennen, wer er ist. Jesus hielte es nicht für gut, wenn es seinem Zwillingsbruder an der nötigen Selbsterkenntnis mangelte (*BTh.* 138.10–12): »Denn wer sich selbst nicht erkannt hat, hat gar nichts erkannt. Wer aber sich selbst erkannt hat, hat auch schon Erkenntnis über die Tiefe des Alls erlangt« (*BTh.* 138.16–18). Den Zusammenhang von Selbsterkenntnis und Abkehr von der Welt faßt Jesus in der Schlußpassage des *Buches von Thomas* in klaren Worten zusammen.[17] All jene, denen die Offenbarung nicht zuteil wird, sind unwissend und fallen der Verdammnis anheim; ihre Seele ist von ihrem Körper und der Welt verdorben. Glücklich dagegen sind jene, die wie Thomas von diesen Dingen wissen.

Die grundsätzliche Ablehnung der Welt, die uns im *Buch von Thomas* begegnet, gilt nicht explizit dem politischen Leben, wie es in den *Thomasakten* der Fall ist, sondern vornehmlich dem Körper.[18] Der Körper ist vergänglich (*BTh.* 139.4); er zerfällt und geht zugrunde (*BTh.* 139.5). Dies geht letztlich zurück auf »den Verkehr mit der Weiblichkeit und das unzüchtige Zusammensein mit ihr« (*BTh.* 144.9 f., 139.8–10), auf das bittere Feuer der Lust, das »einen Brand in den Leibern der Menschen« entfacht (*BTh.* 140.3 f.), auf die »bittere Fessel der Begierde nach dem Sichtbaren, das doch vergehen, sich wandeln und wechseln wird« (*BTh.* 140.33 f.).

Die Zurückweisung der Welt faßt Jesus im *Buch von Thomas* zusammen in dem Verbot des *prooush bios* (*BTh.* 141.12–14, 38 f.). Das koptische Wort *prooush* läßt sich nicht nur mit *phrontis* und *merimna* übersetzen, den Ausdrücken also, die in der griechischen Fassung des *Buchs von Thomas* den Begriff der Sorge umschreiben, sondern auch mit *epimeleia*, dem Terminus, den die westliche ethische Tradition für »Sorge« verwendet.[19] Das Verbot der Sorge um das eigene Leben scheint auch die Praxis der Sorge einzuschließen. Als Thomas Sorge (*merimna*) um jene zeigt, die des Reiches nicht teilhaftig werden (*BTh.* 142.3–5), fordert der Erlöser ihn auf, sich nicht um sie zu kümmern, da dies das Schicksal der Unwissenden sei (*BTh.* 142–11–19).

Verpflichtung zur Selbsterkenntnis hat auch für das *Thomasevangelium* zentrale Bedeutung. Gleich zu Beginn dieses Evangeliums erklärt Jesus seinen Jüngern: »Wenn ihr euch erkennen werdet, dann werdet ihr erkannt, und ihr werdet wissen, daß ihr die Söhne des lebendigen Vaters seid. Aber wenn ihr euch nicht erkennt, dann werdet ihr in der Armut sein, und ihr seid die Armut« (*Th.E.* 3). Entsprechend werden sie immer wieder dazu ermahnt, nach dieser Erkenntnis zu suchen (*Th.E.* 2, 92, 94). Das ist allerdings eine schwierige Aufgabe, denn die Erkenntnis, nach der sie suchen sollen, ist bereits da, und die Jünger haben sie nicht erfaßt (*Th.E.* 51). Wie Jesus an anderer Stelle sagt: »Wenn ihr dies in euch erworben habt, wird euch das, was ihr habt, retten« (*Th.E.* 70).

Das *Thomasevangelium* stammt aus der Zeit der zweiten Hälfte des ersten bis zur ersten Hälfte des zweiten Jahrhunderts[20]; die Anfangszeilen unterscheiden sich von denen des *Buches von Thomas* einzig dadurch, daß Thomas hier selbst als derjenige vorgestellt wird, der »die geheimen Worte, die Jesus der lebendige sagte« (*Th.E. incipit*) aufgezeichnet hat und nicht der Sekretär Matthias (*BTh.* 138.1–3). Thomas ist in diesem Evangelium jedoch nicht bloß der Sekretär Jesu und der anderen Jünger, denn Jesus nimmt ihn beiseite und offenbart ihm ein Wissen, das die übrigen Jünger nicht haben (*Th.E.* 13). Mit anderen Worten, das Wissen, das die Erlösung bringt und das Jesus nur dem Thomas eröffnet, ist ein inneres Wissen (*Th.E.* 108), das Thomas für alle niederschreibt (*Th.E. incipit*), die Ohren haben zu hören (*Th.E.* 8, 21, 63, 65, 96) oder, was die Leser angeht, die Augen haben zu sehen.

Für das *Thomasevangelium* scheint Selbsterkenntnis in eine negative Einstellung zur äußeren Wirklichkeit zu münden: »Wer sich selbst findet, dessen ist die Welt nicht würdig« (*Th.E.* 111). Doch der Vorrang der Erkenntnis vor dem Handeln ist hier nicht so deutlich bezeichnet wie im *Buch von Thomas*. Aus anderen Äußerungen im *Thomasevangelium* scheint hervorzugehen, daß Selbsterkenntnis das Ergebnis gewisser Praktiken der Abkehr von der Welt ist: »Ihr aber wacht angesichts der Welt«, mahnt er (*Th.E.* 21), denn »wenn ihr nicht fastet gegenüber der Welt, werdet ihr das Königreich nicht finden« (*Th.E.* 27). In beiden Fällen begreift das *Thomasevangelium* Selbsterkenntnis eindeutig als etwas Inneres, von der Außenwelt Unterschiedenes: »Wer die Welt erkannt hat, hat einen Leichnam gefunden« (*Th.E.* 56).

Obwohl ein explizites Verbot der Sorge im *Thomasevangelium*, dem frühesten der Thomastexte, nicht vorkommt, ist es darin gegenwärtig. Ebenso wie die *Thomasakten* verwirft das *Evangelium* nicht nur die äußere »Welt« im allgemeinen, sondern auch deren sexuelles und politisches Verstrickungsnetz im besonderen. »Glücklich der Leib, der nicht empfangen hat, und die Brüste, die nicht Milch gegeben haben«, sagt Jesus einer Frau (*Th.E.* 79), denn nur »wenn ihr aus dem Männlichen und dem Weiblichen eine Sache macht, so daß das Männliche nicht männlich und das Weibliche nicht weiblich ist [...], werdet ihr in das [Königreich] eingehen« (*Th.E.* 22). Schließlich befiehlt Jesus seinen Jüngern: »Gebt dem Kaiser, was des Kaisers ist; gebt Gott, was Gottes ist« (*Th.E.* 100; siehe auch 81, 110). Selbsterkenntnis hat für das *Thomasevangelium* nichts gemein mit sozialer Interaktion. »Es gibt viele, die an der Tür stehen«, sagt Jesus, »aber es sind die Einsamen, die in das Brautgemach eintreten werden« (*Th.E.* 74; siehe auch 49).[21]

Die Ablehnung gesellschaftlicher und politischer Verpflichtungen, welche die östliche Thomastradition kennzeichnet, steht in deutlichem Gegensatz zu deren Unverzichtbarkeit in den Praktiken der Identitätsbildung in der westlichen Tradition. In dem platonischen und dem späteren stoischen Kontext ist Selbsterkenntnis das Ergebnis einer »Sorge um sich selbst«, die ein Netzwerk äußerer Verpflichtungen und Praktiken einschließt, während sie in der Thomastradition als ein vorgängiges oder geoffenbartes Wissen bestimmt ist, das aus der Freiheit von Sorge resultiert und auf innerer Disziplin im Rahmen von Verboten beruht. Dieses geoffenbarte »vorgängige« Wissen ist Gegenstand der »gnostischen« Thomasliteratur.

Die Thomastradition besteht aus den geheimen Lehren, die man von Jesus »empfangen« hat, indem man seine Offenbarungen »hörte« (*Th.E. incipit*; *BTh.* 138.1–4, 142.9 f.;

Th.A. 39)[22], und die dann nach dem *Thomasevangelium* von Thomas selbst, nach dem *Buch von Thomas* von einem Sekretär aufgeschrieben wurden. Gleichgültig, wo die historischen Quellen dieser Scheindialoge liegen mögen, sie erheben den Anspruch, in schriftlicher Gestalt die vorgegebene *gnosis* zu offenbaren. Sie präsentieren eine ganz bestimmte Botschaft, die gelesen und erkannt werden soll. Das Gewicht, das die Thomastradition auf die Lektüre der Offenbarung legt, setzt die Technik einsamen, inneren Lesens voraus.

Die Praxis des Lesens als Technik der Selbsterkenntnis wird in den *Thomasakten* beschrieben, und zwar im »Perlenlied«, das Thomas im Kerker sang, um seinen Mitgefangenen Mut zu machen (*Th.A.* 108–113). In diesem berühmten Lied wird ein Königssohn – das Ich dieses Liedes – ausgeschickt, damit er eine kostbare Perle suche, die von einem schrecklichen Drachen in Ägypten bewacht wird; die Perle ist hier eine Allegorie auf das wahre Selbst.[23] Doch der Prinz vergißt schon bald seinen Auftrag und sich selbst, als er sich einem fremden Lebensstil anpaßt. Die königlichen Eltern schreiben ihrem verlorenen Sohn einen Brief, der übereinstimmt mit dem, was in seinem Herzen »geschrieben« steht, und erinnern ihn an diesen »Inhalt«, damit er erkennt, wer er wirklich ist. Als der Sohn den Brief liest, erwacht er zu seinem wahren Selbst; nun ist er auch fähig, die Perle zu finden und nach Hause zurückzukehren.

In diesem Lied erlangt der Sohn Selbsterkenntnis, indem er einen Text liest. Dieser Text enthüllt ihm ein vorgängiges Wissen, das bereits in ihm geschrieben steht, das er jedoch vergessen hat. Mit anderen Worten, die östliche Tradition kennt und pflegt eine Praxis des Sich-selbst-Lesens, wobei der Lesende sein Selbst entdeckt. Diese Technik des »Sich-selbst-Lesens« erinnert an eine These, die Richard Reitzenstein zu Beginn des Jahrhunderts formulierte: daß es eine Gattung von »Lese-Mysterien« oder literarischen Mysterien gegeben habe.[24] Man bewahrte, behauptet er, durch eine

Reihe diskursiver Texte und Lehrschriften die äußere Form der hellenistischen Mysterienreligion. Las jemand, der sich von der Welt abgekehrt hatte, diese literarischen Mysterien, so affizierte ihn die Lektüre in einer Weise, als hätte er an einem Mysterienritual teilgenommen.[25] A.-J. Festugière hat die änigmatische orphische Literatur als literarisches Mysterium beschrieben[26], wobei er sich auf Pausanias stützt, der die Lektüre der orphischen Schriften mit dem Initiationserlebnis bei den eleusinischen Mysterien gleichsetzte (I.37,4).

Auch Reinhard Merkelbach vertritt die Auffassung, daß die hellenistische Romanliteratur im Dienste der hellenistischen Mysterienkulte stand.[27] Obwohl diese Auffassung nicht unangefochten ist[28], gilt sie als ziemlich gesichert, jedenfalls soweit es zwei späte Texte dieser Gattung betrifft, den *Goldenen Esel* von Apuleius und die *Thomasakten*.[29] Der Roman des Apuleius ist eindeutig eine Werbung für den hellenistischen Isiskult, die *Thomasakten* stellen ein christlich-gnostisches Erlösungsmysterium dar.[30] Daher haben sie nicht die Funktion, eine dialogische oder soziale Aktivität zu befördern, vielmehr präsentieren sie einen bestimmten, schriftlich fixierten Inhalt. Die Lektüre solcher Texte begründetete eine Hermeneutik des Selbst.

Zusammenfassend können wir sagen, daß sich zwei unterschiedlich situierte Technologien des hellenistischen Selbst identifizieren lassen. Die erste, die für die westliche ethische Tradition charakteristisch ist, können wir als epistemologische Selbsttechnik bezeichnen. Für diese Tradition steht die Selbstentdeckung im Zusammenhang mit einem Anderen. Das Selbst bildet sich, indem man sich selbst im Dialog enthüllt. Die zweite, durch die östliche Thomastradition exemplifizierte Technologie läßt sich als ontologische Selbsttechnik beschreiben. Hier ruht das Augenmerk auf der Erkenntnis oder Entzifferung dessen, was das Selbst bereits ist. Dieses Wissen wird erworben durch passives Zuhören und, später dann, durch die einsame Arbeit des Lesens. Die erste, dialogische Aktivität hat sozialen Charakter; die zweite, kontemplative Aktivität wies in die Richtung der enkratistischen syrischen Selbsttechnologie, die, wie allgemein angenommen wird, erst gegen Ende der hellenistischen Zeit im frühen vierten Jahrhundert von Johannes Cassian in das westliche Christentum eingeführt worden ist.[31]

Anmerkungen

1 Peter Brown, »The Rise and Function of the Holy Man in Late Antiquity« (1972), in: ders., *Society and the Holy in Late Antiquity*, Berkeley 1982, S. 106.
2 Luther H. Martin, »Why Cecropian Minerva? Hellenistic Religious Syncretism as System«, in: *Numen* 30, 1983, S. 131-145.
3 Kurt Rudolph, *Die Gnosis. Wesen und Geschichte einer spätaniken Religion*, Göttingen 1977, S. 59.
4 Die asketische Ablehnung des Ethischen im herkömmlichen Sinne veranlaßt manche, die gnostische Ethik als »sittenlos« darzustellen. Im Anschluß an Beschuldigungen christlicher Apologeten hat man zumindest seit Ende des neunzehnten Jahrhunderts vielfach argumentiert, die asketische Ablehnung der sinnlichen Natur des Selbst habe ihr Gegenstück in einer libertären Gleichgültigkeit gegen das sinnliche (Adolf von Harnack, *Lehrbuch der Dogmengeschichte*, 3 Bde., Tübingen 1909–1910; Nachdruck Darmstadt 1964, Bd. 1, S. 290) oder sogar in einer »positiven Verpflichtung«, gegen die diesseitigen ethischen Standards zu verstoßen (Hans Jonas, *Gnosis und spätantiker Geist*, erster Teil, Göttingen 1964, S. 236 f.).
5 *Clemens Excerpta ex Theodoto* 78.2; englische Übersetzung: *The Excerpta ex Theodoto of Clement of Alexandria*, hg. und übers. von Robert P. Casey, London 1934.
6 *Paedagogus* 3.1; deutsche Übersetzung: *Der Pädagog*, übers. von J. Wimmer, in: *Ausgewählte Werke des Titus Flavius Clemens*, Kempten 1975.
7 Eliza Gregory Wilkins, »*Know Thyself« in Greek and Latin Literature* (1917), Chicago 1980; siehe insbesondere die Zusammenstellung von Passagen (S. 100–104), in denen die Maxime explizit zitiert oder indirekt zum Ausdruck gebracht wird.
8 Rudolph, *Die Gnosis*, op. cit., S. 130, und Hans Dieter Betz, »The Delphic Maxim GNOTHI SAUTON in Hermetic Interpretation«, in: *Harvard Theological Review* 63, 1970, S. 465–484.

9 Michel Foucault, »Technologien des Selbst«, in diesem Band S. 24 ff., und ders., *Histoire de la sexualité, 3: Le souci de soi*, Paris 1984, dt.: *Die Sorge um sich: Sexualität und Wahrheit 3*, übers. von Ulrich Raulff und Walter Seitter, Frankfurt am Main 1986, S. 60–93. Wilkins, *Know Thyself*, op. cit., S. 60 f.

10 Zur Identität des östlichen und des westlichen Thomas siehe Helmut Koester, »GNOMAI DIAPHOROI: The Origin and Nature of Diversification in the History of Early Christianity«, in: *Trajectories through Early Christianity*, hg. von James M. Robinson und Helmut Koester, Philadelphia 1971, S. 127 f., 133 f. Zu den Anfängen des Christentums in Syrien siehe A. F. J. Klijn, *The Acts of Thomas*, Supplement to Novum Testamentum V, Leiden 1962, S. 30–33; Arthur Voeoebus, *History of Asceticism in the Syrian Orient*, 2 Bde., Löwen 1958–1960; Han J. W. Drijwers, »Facts and Problems in Early Syriac-Speaking Christianity«, in: *Second Century* 2, 1982, S. 157–175.

11 Robinson und Koester, Hg., *Trajectories*, op. cit., S. 126–143; siehe auch John D. Turner, *The Book of Thomas the Contender*, Missola, Mont. 1975, S. 233–239, und Drijwers, »Facts and Problems«, op. cit., S. 157-175. Deutsche Übersetzungen der drei Texte in: *Neutestamentliche Apokryphen*, hg. von Wilhelm Schneemelcher, 2 Bde., 5. Ausg., Tübingen 1987–1989; »Das Thomasevangelium«, in: Band 1, S. 93–113, »Das Buch von Thomas dem Athleten«, in: Band 1, S. 192–204, »Die Thomasakten«, in: Band 2, S. 289–367; sämtliche Zitate im Text aus diesen Übersetzungen.

12 Der syrische Text mit englischer Übersetzung von W. Wright in: *Apocryphal Acts of the Apostles*, 2. Bde., London 1871; der griechische Text in: *Acta Apostulorum*, hg. von R. A. Lipsius und M. Bonnet (1903), Darmstadt 1959; Einleitung und deutsche Übersetzung von G. Bornkamm, in: *Neutestamentliche Apokryphen*, hg. von Wilhelm Schneemelcher, 2 Bde., 3. Ausg., Tübingen 1959–1964, Bd. II, S. 297–372.

13 Bornkamm in: *Neutestamentliche Apokryphen*, Bd. II, 3. Ausg., op. cit., S. 299; W. Schneemelcher und Schäferdiek, ibid., S. 110–125.

14 Albin Lesky, *Geschichte der griechischen Literatur*, 3. Aufl., München S. 957–972; Ben Edwin Perry, *The Ancient Romances: A Literary-Historical Account of Their Origins*, Berkeley 1967; P. G. Walsh, *The Roman Novel: The »Satyricon« of Petronius and the »Metamorphoses« of Apuleius*, Cambridge 1970.

15 Siehe *Th.A.* 142, wo Freiheit von Sorge (*aphrontis*) mit »Ruhe« gleichgesetzt wird.

16 *Das Buch von Thomas dem Athleten*, in: *Neutestamentliche Apo-*

kryphen, 5. Ausg. op. cit., Bd. I, S. 192–204 (mit einer Einleitung von Hans-Martin Schenke).

17 Dieser Abschnitt dürfte einmal ein unabhängiger Text gewesen sein; siehe Turner, *The Book of Thomas the Contender*, op. cit., S. 164–199, 215–225.

18 Ibid., S. 235.

19 W. E. Crum, *A. Coptic Dictionary*, Oxford 1939, S. 307 *b*.

20 Siehe aber zum Beispiel Drijwers, »Facts and Problems«, op. cit., S. 173.

21 Für »einsam« verwendet der koptische Text das griechische Wort *monachos* (Mönch).

22 Das in den *Thomasakten* für »empfangen« benutzte griechische Wort *dechomai* bedeutet zugleich »hören«.

23 Richard Reitzenstein, *Die hellenistischen Mysterienreligionen*, 2. Aufl., Berlin 1920, S. 39; Jonas, *Gnosis und spätantiker Geist*, op. cit., S. 104.

24 Reitzenstein, *Mysterienreligionen*, op. cit., S. 40 ff.

25 Ibid.

26 A.-J. Festugière, *L'idéal religieux des grecs et l'évangile*, Paris 1932, und ders., »Les mystères de Dionysos«, in: *Revue biblique* 44, 1935, S. 192–211, 366–396.

27 Reinhold Merkelbach, *Roman und Mysterium in der Antike*, München/Berlin 1962.

28 Zum Beispiel Perry, *Ancient Romances*, op. cit.

29 Helmut Koester, *Einführung in das Neue Testament im Rahmen der Religionsgeschichte und Kulturgeschichte der hellenistischen und römischen Zeit*, Berlin 1980, S. 143 f.

30 Bornkamm in: *Neutestamentliche Apokryphen*, 3. Ausg., Bd. 2, op. cit., S. 300 f.

31 *Oxford Dictionary of the Christian Church*, hg. von F. L. Cross, Oxford 1958, S. 243. Zu Cassian siehe Owen Chadwick, *John Cassian: A Study in Primitive Monasticism*, 2. Ausg., Cambridge 1968.

4 WILLIAM E. PADEN
Schauplätze der Demut und des Mißtrauens: Wüstenheilige und New-England-Puritaner

Stehen die Ideale des spätantiken Mönchtums für einen wichtigen Prototyp christlicher Selbsterforschung, so bildet der Puritanismus einen zweiten. Im Rahmen der Prämissen unseres Seminars sind die beiden Traditionen keine antiquierten abendländischen Ideologien, sondern Verhaltenstechniken und Handlungssysteme, die zur Geschichte der Subjektivität gehören. Ein Vergleich der Formen der Selbstunterdrückung bei Mönchen und Puritanern wird uns helfen, diese Varianten einer Kunst des Verzichts klarer zu markieren.

In vielerlei Hinsichten bezeichnen die beiden Systeme die extremen Pole christlicher Spiritualität. Das Mönchtum des Johannes Cassian, das in der ägyptischen Askese wurzelte, verkörpert die antike Suche nach dem Heil, nach der »Reinheit des Herzens« durch ausdauernde, systematische Übung. Der Puritanismus als extreme Ausprägung des reformatorischen Protestantismus ist der höchste Ausdruck eines zweiten religiösen Programms, das »allein auf Gnade« baute und sich auf die Schriften des heiligen Paulus, des heiligen Augustinus und Calvins berief, in denen die These aufgestellt wird, das menschliche Selbst sei unfähig, irgendeinen Beitrag zu seinem eigenen Seelenheil zu leisten. Die puritanische Bewegung übernahm diesen Mythos und prägte ihn in seinen Konsequenzen rückhaltlos aus. Das Problem war hier nicht mehr »die Welt«, sondern das Selbst. Wo der Mönch noch methodisch zwischen Seele und Umwelt unterscheiden, wo er die Kräfte der Sünde und des Weltlichen der Reinheit seines Willens und seines Strebens unterwerfen konnte, da war dem puritanischen Selbst solche innere Stärke verwehrt. Da das Selbst ein Betrüger ist, ist es konstitutionell außerstande, sich selbst zu retten. Gerade seines Werkzeugcharakters wegen verdient das Selbst erhöhtes Mißtrauen.

Im folgenden befasse ich mich mit Beispielen für die verschiedenartigen Aspekte des mönchischen und des puritanischen »Selbst«, wobei auch in den Blick kommt, inwiefern beide Systeme von unterschiedlichen Polaritäten bestimmt waren.

Johannes Cassians *De institutis* und *Collationes*[1], die zwischen 419 und 428 geschrieben wurden, setzten die Maßstäbe für das westliche Mönchtum und wahrten ihren Einfluß während des gesamten Mittelalters. Zunächst werde ich das System skizzieren, das Cassians »Weg zur Verfollkommnung der Seele« zu beherrschen scheint, und sodann das puritanische Mißtrauen gegenüber dem Selbst untersuchen, wobei ich mich – in Würdigung des Ortes, an dem dieses Seminar stattfindet – auf das Beispiel des Geistlichen Thomas Shepard (1605–1649)[2], der hier in New England gelebt hat, und auf sein *Journal* stützen werde. Ich schließe mit Vergleichen und Überlegungen, die sich aus den genannten Unterschieden ergeben.

Johannes Cassian (ca. 360 – ca. 434), möglicherweise skythischer Herkunft, lebte viele Jahre als Mönch in der ägyptischen Wüste, bevor er sich in Marseille niederließ und dort zwei große Klöster gründete. Seine Schriften vermittelten die Atmosphäre und Ideale seiner östlichen Mentoren, deren spirituelles Prestige damals seinen Höhepunkt erreicht hatte.

Für unsere Zwecke ist es wichtig, daß Cassians Anstrengung ein festgelegtes Ziel und eine Methode, dieses Ziel zu erreichen, besaß und daher ein System bildete, dessen Bestandteile unzweideutig formuliert wurden. Der erste Schritt bestand für Cassian im Verzicht auf die Welt. Dieser Verzicht war die notwendige Voraussetzung, wenn man Mönch werden wollte – das entscheidende Kriterium, das die Ziele des

Mönchs von denen aller weltlichen Berufe unterschied. Äbte und Heilige waren lebendige Beispiele für die Plausibilität und den Erfolg der Suche nach Reinheit. Der Mönch wußte, welches Verhalten er zu meiden und welches er zu fördern hatte, und er kannte die Namen aller inneren Feinde. Cassian wußte sehr genau, weshalb er »Eltern, Vaterland, Würden, Reichtümer, Weltfreuden und alle Lust« aufgegeben hatte: um die Reinheit des Herzens zu gewinnen (*Erste Unterredung ... mit Abt Moyses* 4–5). Sein Vorhaben war keine zufällige, der göttlichen Vorsehung überlassene Pilgerreise, sondern ein anstrengendes Übungsprogramm zur Erlangung von Demut – die Bedingung für den Eintritt in die nächste Welt.

Cassians System war eindeutig polarisiert. Jede Tat bezeugte entweder Frömmigkeit oder deren Gegenteil. Durch Umsicht und entschlossenes Verhalten konnte man Reinheit erreichen, die Kräfte des Unreinen tilgen und überwinden. Die Grenzen waren klar gezogen, denn Gottlosigkeit ließ sich beim Namen nennen und objektivieren. Über weite Strecken befaßt sich Cassians *De institutis* mit der Definition der acht »Laster«, gegen die der Mönch anzukämpfen hatte: Gaumenlust, Unkeuschheit, Habsucht, Zorn, Traurigkeit, Beängstigung oder innerer Überdruß, nichtige Ruhmsucht und Stolz oder Hochmut. Für jedes dieser Laster erläutert Cassian die Ursachen und benennt die Heilmittel. Wäre der Mönch nicht fähig, diesen Lastern zu widerstehen, müßte er ihnen erliegen. Durch Anwendung dieser Fähigkeit jedoch unterwirft er die Laster seinem Willen.

Cassians Vokabular unterstreicht den aktiven, bestimmenden Charakter seines Systems. Ständig ist von Kampf und Widerstand, von Überwinden und Siegen die Rede. Seine Schriften sind gesättigt mit der Sprache des Wachens, Unterscheidens, Achtgebens und Abwägens – ein Lexikon der harten Bestimmung des Gegensätzlichen.

Der Weg zur Vollkommenheit führt über eine systematische Folge von Stufen der Selbstdisziplin. So muß der Mönch sich hüten, zuviel zu essen, denn wir können uns nicht aussichtsreich auf spirituelle Kampfplätze begeben, »wenn wir [...] im Kampfe gegen den Bauch geschlagen sind«. Der Mönch fastet, gedenkt seiner vergangenen Niederlagen, er »seufzt bald vor Entsetzen über seine Sünden, bald verzehrt ihn die Sehnsucht nach Vollkommenheit und Reinheit«. Auf diese Weise soll er seinen Körper unterwerfen, wodurch er sich zugleich darauf vorbereitet, den Geist zu unterwerfen (*Einrichtungen* 5.14–21). Cassian argumentiert folgendermaßen:

> »Wer aber die ungeordneten Begierden des Gaumens nicht zu zügeln vermochte, wie wird der die Gluten der Fleischeslust auslöschen können? Und wer die kleinen und offen zutage liegenden Leidenschaften nicht bändigen konnte, wie wird er die verborgenen und von Jedermann unbemerkt ihn quälenden Leidenschaften mit Einsicht und Klugheit bekämpfen können? Und deshalb bewährt sich bei den einzelnen Regungen und in jedwedem Verlangen die Kraft des Geistes.« [*Einrichtungen* 5.20]

Cassians Haltung gegenüber der Sünde des Hochmuts ist aufschlußreich. Natürlich glaubte er nicht, der Mensch könne irgend etwas ohne die Gnade Gottes erreichen; doch seine Feststellung, daß »alles von Gott gegeben ist«, war keine Theorie, die der Bedeutung menschlichen Bemühens Abbruch tat, sondern ihrerseits ein Akt der Frömmigkeit. Die Sünde des Hochmuts ist die Sünde der Selbstüberhebung und des Vertrauens in die eigene Kraft. Und dennoch ist Hochmut hier »lediglich« eine Sünde, ein Laster, und wird nicht wie bei Augustinus und den Calvinisten mit der menschlichen Natur gleichgesetzt. So kann denn Cassian ganz unschuldig bemerken, der Hochmut bedrohe gerade »die schon in der Vollendung der Tugend Stehenden« (*Einrichtungen* 12.1). Der Hochmut kann bekämpft werden, und zwar durch sein Gegenteil, die Demut:

> »Deshalb war Gott, der Schöpfer und Heiland der Welt, der in dem Stolze die Ursache und den Anfang aller Krankheiten erkannte, Entgegengesetztes mit Entgegengesetztem zu heilen besorgt, damit Das, was durch den Stolz gefallen war, durch die Demut sich wieder erheben solle.« [*Einrichtungen* 12.8]

Wenn denn Demut als ein derartig kräftiges Gegenmittel erscheint, ist der Mensch keinesfalls machtlos. Der Mönch wurde zu einem Experten der Selbstlosigkeit, und der unbedingte Gehorsam gegenüber dem Abt war ein wirkungsvolles Element dieser Schulung. Hochmut, das »Untier«, wie es in der nachfolgenden Passage heißt, kann niedergerungen werden:

> »Darum strebe der Streiter Christi, der den geistigen Kampf rechtmäßig zu kämpfen und vom Herrn gekrönt zu werden verlangt, auch dieses gar wilde, alle Tugenden verschlingende Untier auf alle Weise zu töten; denn er kann sicher erwarten, daß, solange dieses in seiner Brust wohnt, er nicht bloß von keiner Sünde frei sein kann, sondern, wenn er auch einige Tugend zu besitzen scheint, dieselbe durch dieses Untieres Gift zu Grunde geht. Denn unmöglich kann in unserer Seele das Gebäude der Tugenden sich erheben, wenn nicht vorher in unserm Herzen das Fundament einer wahren Demut gelegt worden ist, das, gehörig befestigt, die Spitze der Vollkommenheit und Liebe zu stützen vermag.« [*Einrichtungen* 12.32]

Das Schlußstück dieser Ermahnung, nämlich der Appell, ein Gebäude der Tugenden auf dem Fundament der Demut zu errichten, bringt die methodisch regulierte, technologische Struktur der spirituellen Welt Cassians zum Vorschein.

Cassian verlangte eine entschlossene, auf Unterscheidungen achtende Erforschung des Selbst. Sein Hauptaugenmerk gilt dabei der Seele – sie ist in dem folgenden Zitat der implizite Akteur und Beobachter –, die ihre gefährdeten Terrains sorgfältig überwachen soll:

> »Es müssen also alle Winkel unseres Herzens beständig durchsucht und die Spuren dessen, was in sie hineinsteigt, mit klügster Nachforschung immer beachtet werden, damit dort nicht vielleicht irgend eine geistige Begierde, ein Löwe oder Drache durchkomme und die verderblichen Spuren heimlich eindrücke, durch welche auch den Andern der Zugang in die Tiefen des Herzens bei der Vernachlässigung der Gedanken geöffnet würde. Wenn wir so alle Stunden und Augenblicke die Erde unseres Herzens mit dem evangelischen Pfluge, d. i. mit der beständigen Erinnerung an das Kreuz unseres Herrn, durchfurchen, so werden wir aus uns bald die Schlupfwinkel schädlicher Bestien, bald die Nester giftiger Schlangen herausreißen und hinausstoßen können.« [*Erste Unterredung ... mit Abt Moyses* 22]

Man beachte allerdings, daß die Subjektivität hier als Problem noch nicht vollständig wahrgenommen ist. Das, was da die Schlupfwinkel und Nester von Bestien und Schlangen »herausreißt«, das beobachtende Ich, ist noch nicht wirklich suspekt. Cassians Welt ist vorsubjektiv; sie wird noch von dem transpersonalen, kosmischen Gegensatz zwischen Gott und Welt beherrscht.

Die Puritaner übernahmen ein ganz anderes Paradigma der Heiligkeit. Owen Watkins schreibt, »das einzige, was der Mensch zu seinem Heil beiträgt, ist die Sünde, von der er erlöst wird«.[3] Die puritanische Tradition der Selbstprüfung konzentrierte sich von der Mitte des sechzehnten Jahrhunderts bis weit ins achtzehnte Jahrhundert hinein auf Praktiken, die in dieser Überzeugung gründeten.[4]

Paulus schrieb über das Seelenheil: »So kommt es also nicht auf den Wollenden oder Laufenden an, sondern auf den sich erbarmenden Gott« (*Röm.* 9.16). Die Technik der

Puritaner rückte nicht die Ausführung spiritueller oder ethischer »Werke« einschließlich der Selbstreinigung in den Vordergrund, sondern das sündige Selbst, damit die Gnade Gottes gesehen und gewürdigt werden konnte. Das anmaßende, nicht bekehrte Selbst wurde mit dem Wort Gottes konfrontiert, ja sogar in der täglichen Selbstdarstellung in einem Tagebuch. Da »Auserwähltsein« ein Leben in der Gnade Gottes bedeutete, war die Aufdeckung von Selbstgerechtigkeit identisch mit der Praxis, die Gegenwart der göttlichen Vorsehung zu erfassen und zu bezeugen. Puritanische »Techniken« brachten dem Menschen nicht Heil durch eigene Anstrengung; sie waren Anlaß und Mittel, Zeugnis von einer Beziehung abzulegen. Für die Puritaner war also nicht der Gegensatz zwischen Gott (oder Seele) und Welt ausschlaggebend, sondern der zwischen Gott und Selbst. Ein Geistlicher formulierte es so:

> »Der Sündenfall des Menschen bestand darin, daß er sich von Gott ab- und sich selbst zuwandte, und die Wiedergeburt besteht darin, daß er sich von sich selbst ab- und Gott zuwendet. [...] Selbstverleugnung und Liebe zu Gott sind ein und dasselbe. [...] Wenn du das begreifst, wirst du auch begreifen, was Erbsünde und Sünde, was Gnade und Pflicht sind. [...] Es ist das Selbst, gegen das die Schrift sich allenthalben wendet. [...] Schon der Name des Selbst und des Eigenen sollte in den Ohren des wachsamen Christen schrecklich klingen und ihn an Worte erinnern, die den Namen der Sünde und des Satans nahekommen.«[5]

In seinem Buch *Puritan Origins of the American Self* hat Sacvan Bercovitch puritanische Äußerungen zu diesem Thema zusammengestellt:

> »Polonius wiederholt einen humanistischen Gemeinplatz, wenn er sagt, man solle wahrhaftig zu sich selbst sein. Calvin formuliert die reformatorische Position, wenn er

> uns auffordert, uns ›von jeglichem Selbstvertrauen zu befreien‹, und seine Worte finden ihren Widerhall in der gesamten puritanischen Literatur. ›Nicht was du selbst willst, sondern was Gott will‹, donnerte Thomas Hooker. Das Selbst ist ›die große Falle‹, ›der falsche Christus‹, ein Spinnennetz, das ›aus unseren Gedärmen‹ gesponnen ist, das wahre ›Abbild der Hölle‹. Das ›Selbst Gott zu opfern‹, ›das Gift des Teufels oder das Selbst‹ auszulöschen hieß zugleich, ›den alten Adam‹ in uns zu töten, die teuflischen ›Widersacher des Guten, jegliche Rücksicht auf das menschliche Selbst‹ zu besiegen und einen Schlag zu führen gegen den ›Antichrist, der das Selbst schlechthin ist‹.«[6]

Ist der Antichrist das »Selbst«, so ist das Subjekt kein bloßer Zuschauer mehr, der lediglich gefangen ist zwischen den Kräften des Himmels und der Welt; vielmehr ist es zum Hauptgegenspieler Gottes geworden. »Warum«, schrieb Shepard, »sollte ich nach Ruhm und Vorteil für mich selbst suchen, der ich doch der größte Feind meiner selbst bin, mich in den Untergang treibe und blind mache, schlimmer als der Teufel es jemals vermöchte?« (*Autobiography*, S. 45).

Die Puritaner ersetzten die katholische Beichte vor einem Priester durch das Bekenntnistagebuch, in dem man gewissermaßen über seine Sünden Buch führte. In Shepards *Journal*, in dem es an einer Stelle heißt: »das Mißtrauen gegenüber der eigenen Heuchelei ist ein feuriger Faden«[7], finden sich zahlreiche Einträge folgender Art:

> »18. März. Ich sah, daß mein Geist, wenn er tätig war, nichts anderes ausspann als Betrug und Täuschung, daß mein Wille und meine Neigungen, wenn sie tätig waren, nichts ausspannen als tote Werke. Oh wie brauche ich es, daß Christus in mir lebt! Und ich sah, wenn ein Mensch Augen hat und Leben, so wird er sich keinem anderen anvertrauen und sich von ihm führen lassen, es sei denn,

er will beides; so auch hier. Ich sah, der Herr hat mir Glauben gegeben, indem er machte, daß ich beides wünschte: mir selbst zu mißtrauen und noch mehr auf den Herrn zu vertrauen.« [*Journal*, S. 92]

Gewiß war das Tagebuch kein Ort, lediglich die Ereignisse des Tages Revue passieren zu lassen, persönliche Erfahrungen festzuhalten oder sich entspannt irgendwelchen Träumereien hinzugeben. Tatsächlich waren puritanische Tagebuchaufzeichnungen alles andere als persönlich – kaum ein Satz in Shepards *Journal*, der nicht persönliche Erfahrung in die Matrix göttlichen Handelns verwob. Ja, das Tagebuch hatte geradezu die Aufgabe, die Verbindung zwischen dem Selbst und biblischen Maßstäben herzustellen. Das Ergebnis davon war: Aufweis der Gnadenbedürftigkeit; Dankbarkeit und Verehrung für die göttliche Vorsehung; innigste Einsicht in die Notwendigkeit der Demut und damit die Eignung für die christliche Pilgerreise. Die Nacht symbolisierte den Tod; so ging denn der Puritaner jeden Abend daran, seine Bücher auf den letzten Stand zu bringen, und falls die Blätter seines Tagebuchs »sich als sein Leichentuch erwiesen, so war es gut; denn er konnte sagen, daß seine Arbeit getan war und daß der Tod ihn nicht überraschen konnte«.[8]

Unablässig geißelt Shepard die Taktiken »spiritueller« Selbsttäuschung. Er forderte seine Gemeinde und seine Leser auf, zwischen Eigenliebe und Liebe zu Gott gründlich zu unterscheiden, und entfaltet endlose Typologien der Heuchelei und anderer »listiger« Formen von Selbstgerechtigkeit (*Works*, S. 65–108). Seelenheil läßt sich nicht durch »bloße Aufrichtigkeit« oder »gute Wünsche« gewinnen. Wahre Heiligkeit ist unmöglich, solange es uns nur darum geht, uns selbst zu retten, oder solange wir Gott nur deshalb lieben, »weil er gut zu uns ist« (*Journal*, S. 85). Falsche Heiligkeit fürchtet die Sünde, weil sie dem Selbst schadet, während wahre Heiligkeit die Sünde fürchtet, weil sie »Gott entehrt«. »Begnüge dich nicht mit deiner bloßen Reformation und der

Besserung deines Lebens«, schreibt Shepard, denn »damit streichst du nur die Schuld in deinem eigenen Buch; im Buch des Schöpfers aber bleibt sie bestehen« (*Works*, S. 54). »Viele von euch«, mahnt er, »vertrauen auf Christus, wie der Pfirsichbaum sich an die Mauer anlehnt; aber er steht fest verwurzelt in der Erde: Geradeso lehnt ihr euch an Christus, um das Seelenheil zu erlangen, aber ihr seid dennoch verwurzelt in der Erde, verwurzelt im Hochmut, verwurzelt in eurem Schmutz« (*Works*, S. 108). Sünder »benutzen Christus als Spültuch, um sich reinzuwaschen« (ibid.). Die Menschen »zimmern« sich ihren eigenen Glauben zusammen, doch sie »gehen zugrunde, da sie sich selbst auf den Leim gehen und auf ihre eigenen Phantasien hereinfallen« (*Works*, S. 107). Die Subjektivität ist zur Falle geworden.

Eines dieser Rituale des Selbstzweifels fand bei den Prüfungen vor der Aufnahme in die Gemeinde statt. Shepard berichtet, wie ein Kandidat von den Gemeindeältesten gefragt wurde: »Findest du niemals ein Herz, das Christus nicht preisen kann, sondern lieber dem eigenen Herzen folgt?« Man möchte meinen, der Kandidat hätte die mündliche Prüfung bestanden, wenn er antwortete, er stelle Christus über alles. Doch die tatsächliche Antwort entsprach den Erwartungen besser:

> »Ja, das habe ich oft gesehen, aber ich habe gedacht, das ist der Weg, mich selbst und die meinigen nach mir ins Verderben zu stürzen. Ich habe zu erkennen versucht, ob ich die Gesellschaft Gottes liebte oder nicht, und ich habe in der Tat gefunden, daß ich mich dagegen sträubte. Dennoch habe ich auf ärmliche Weise erkannt, daß Gott mir geholfen hat, an seinem Willen Gefallen zu finden.«[9]

E. S. Morgan bemerkt anläßlich dieses Beispiels, die »äußerst wohlgesetzte« Antwort beweise »Glauben an die eigene Unvollkommenheit, und man darf sicher sein, daß der Kandidat aufgenommen wurde«.[10]

Alle puritanischen Praktiken gründeten in dem Paradoxon, daß Frömmigkeit und Selbstgewißheit in umgekehrtem Verhältnis zueinander stünden. »Wir können die Macht Gottes weder spüren noch annehmen«, schreibt Shepard, »ohne zuerst die entgegengesetzte Macht zu spüren« (*Journal*, S. 167). Zweifel und Demut sind Türen zur Hoffnung; Verluste sind Anlaß zur Dankbarkeit; Unglück ist ein Zeichen, daß Gott eine Lektion erteilen will. Shepard, dessen »heiliges Streben« es war, sich ganz »der Gnade anzuvertrauen« (*Journal*, S. 91), konnte feststellen: »Wenn du dich niemals ebenso unfähig zu glauben gefühlt hast wie ein Toter, sich zu erheben, dann hast du gar keinen Glauben« (*Works*, S. 108). »Eines Christen Gnade«, notiert er in seinem Tagebuch, »liegt zum größeren Teil in der Klage um den Wunsch danach« (S. 108). Wir müssen »die Wunde stets offen halten« (*Works*, S. 67). Wie McGiffert scharfsinnig bemerkt, zeigt Shepards *Journal* eine »subtile psychologische Verschiebung, bei der sich, einer Sisyphusarbeit gleich, Angst in Gewißheit und Gewißheit wieder in Angst verwandeln«.[11]

Die beiden hier beschriebenen Schauplätze der Frömmigkeit repräsentieren zwei radikal verschiedene Systeme der Vorstellung vom Selbst. Im ersten System, dem des Johannes Cassian, ist die Subjektivierung der Welt noch nicht eingetreten. Genauer gesagt, man läßt nicht zu, daß sie eintritt. Zu Beginn seines Mönchslebens verzichtet der Mönch zugunsten der Seele auf die Möglichkeit, ein Selbst auszubilden, und fortan ist sein Dasein eine fortschreitende Verwirklichung der Macht dieses ersten Aktes. Doch im puritanischen System kommt es zu einer Verschiebung des Gravitationszentrums. Hier ist der Feind ein gefährlicherer Herausforderer und Gegenspieler Gottes: das Selbst des Menschen nämlich. Da der Puritaner seinem weltlichen Selbst nicht gänzlich entsagt hat, wie es beim Mönch der Fall ist, überrascht es nicht, daß es an Ambiguität gekettet, ja sogar in die Nachbarschaft Satans gerückt erscheint.

Cassians System ist durch ein sichtbares Ziel und die zur Erreichung dieses Ziels erforderlichen Techniken gekennzeichnet. Über die mönchische Welt, die sich dem Entsagenden eröffnet, wird eine Karte gelegt, und zwar nicht die Karte von Karthago oder Rom, auf die der Mönch gerade verzichtet hat, sondern die Karte der Selbstlosigkeit, ihrer Feinde und der Gnade ihrer Vollkommenheit. Cassian beginnt eine Beschreibung des Weges, den der Mönch beschreiten muß, um Vollkommenheit zu erlangen, mit dem Hinweis, der Heiligen Schrift zufolge sei der Anfang des Heils und der Weisheit die Gottesfurcht. Dann freilich fährt er fort:

> »Aus der Furcht des Herrn entspringt die heilsame Zerknirschung. Aus der Zerknirschung des Herzens geht die Entsagung hervor, d. h. die gänzliche Lostrennung von allen Gütern und die Verachtung derselben. Die Trennung von den irdischen Gütern führt zur Demut. Aus der Demut entspringt die Abtötung der Begierden. Durch diese Abtötung werden alle Fehler gründlich ausgetilgt. Aus dem Keim dieser Tugend sproßt die Herzensreinheit hervor. Mit der Reinheit des Herzens besitzt man die Vollkommenheit der apostolischen Liebe.« [*Einrichtungen* 4.43]

In diesem logisch und rational geordneten System wird sogar die Hiobsche »Gottesfurcht« zu einem bloßen Faktor in der fortschreitenden Strukturierung eines Ziels. In der verzweifelten, ungewissen Welt eines Shepard dagegen wäre das undenkbar: Gottesfurcht ist nicht einfach ein Element spiritueller Lebensführung, sondern gerade das, was jegliche Individualität untergräbt. Die puritanische »Lebensführung« war der tägliche Angriff des Schriftworts auf das Selbst.

Die »Sünde« hat in den beiden Sphären unterschiedliche Funktionen. Für Cassian ist sie etwas, das ausgetrieben werden muß, weil sie unvereinbar mit Demut und Vollkommenheit ist. Für den Puritaner gründet Frömmigkeit in dem Akt, die Sünde zu erkennen, die eigene Sündhaftigkeit zu enthüllen, der eigenen »Schmutzigkeit und Gemeinheit« den Spiegel vorzuhalten. Cassian warnt, das Nachdenken über Sünden werde die Meditation behindern, da schon die Erinnerung daran den Geist »mit häßlichem Gestanke verderben« und »den geistigen Duft der Tugenden verdrängen« könne (*Zwanzigste Unterredung … mit Abt Pinufius* 9). Und weiter heißt es: »Denn notwendig muß Einer so lange durch den pestartigen Gestank einer Kloake im Atem gehalten werden, als er über derselben stehen oder ihren Kot aufrühren will« (ibid.). Der puritanische Arzt dagegen hielt es für eine gute Medizin, Selbsterniedrigung, Abscheu vor sich selbst und Selbstverfluchung zu preisen. Während Cassian sich bemühte, würdig zu sein, Christus in sich zu empfangen, arbeitete der Puritaner an der Überzeugung, daß er dessen unwürdig sei.

Anders als für Shepard war die Sünde für Cassian eine Macht, die sich dem Selbst von außen aufzwingt. So heißt es etwa von den acht Lastern, daß sie den Mönch »angreifen«, ihn »verletzten«, sich ihm »aufdrängen«. »Denn wie der Rost dem Kleide und der Wurm dem Holze, also schadet die Traurigkeit dem Herzen des Mannes«, zitiert Cassian die Heilige Schrift (*Einrichtungen* 9.2). Und zur Sünde des Stolzes bemerkt er: »Und je mehr Einer die ganze Welt meidet, um so heftiger bedrängt sie ihn« (*Einrichtungen* 11.6). Also muß der Mönch sich vor diesen verfolgenden, hinterlistigen Mächten »hüten«, sie »abwehren« oder »überwinden«, Mächte, welche Agenten des Teufels sein können. Thomas Shepard dagegen sprach kaum von Sünde als einem objektiven Verfolger, der »Einlaß« in die Kammern des Herzens erheischte. Er selbst war der Agent jedweder Verfehlung.

Für Cassian hatte der Mönch mit der Abkehr von der sozialen Welt und ihrem Regime ein gewisses Selbstbewußtsein erlangt. Zwar hängt das Heil theoretisch von der göttlichen Gnade ab; faktisch aber ist der Einzelne der Urheber seiner eigenen Entwicklung. »Es steht zum großen Teile bei uns«, schreibt er, »daß die Beschaffenheit der Gedanken verbessert werde, und daß entweder die heiligen und geistigen in unserem Herzen wachsen oder die irdischen und fleischlichen« (*Erste Unterredung ... mit Abt Moyses* 17). Im Puritanismus fanden das christliche Jenseits und das Diesseits wieder zueinander, und der Punkt, an dem sie zusammenkamen, das menschliche Selbst, wurde etwas Bedrohliches, Suspektes, Profanes. Subjektivität mit all ihrer Anmaßung und mangelnden Selbsteinsicht mußte gezüchtigt und zur Einsicht ihrer selbst gebracht werden. Sie hatte keine Leistungen des Weltverzichts vollbracht, mit denen sie sich Vertrauen in ihre Selbstlosigkeit verdient hätte, und das puritanische Selbst empfand nur um so unentrinnbarer die Abhängigkeit von der göttlichen Macht und Größe.

Das puritanische Tagebuch zeigt, was aus dem Bekenntnis der Sünden wird, wenn es keinen Beichtvater mehr gibt. Das protestantische Selbst muß unter diesen Umständen zum Ankläger und Angeklagten zugleich werden. Da die irdischen Oberen verschwunden sind, verwandelt sich die äußere, zweiseitige Dialektik des Bekennens und Erforschens in einen ganz und gar inneren Dialog. Für die Protestanten beruhte die Gnade nicht auf den Sakramenten der Kirche, sondern unmittelbar auf dem Glauben an das Wort Gottes; daraus folgte, daß die Selbstoffenbarung als Sünder nicht in den öffentlichen Arenen ritueller *exomologēsis*[12] stattfand, sondern in der alchimistischen Retorte der Widersprüchlichkeiten des Individuums.

Cassian und die Puritaner hatten eines gemeinsam. Nach der von Max Weber aufgestellten Typologie standen sie beide eher für Techniken der Askese – bzw. deren Unterarten der »weltablehnenden« und der »innerweltlichen« Askese – als für Mystik.[13] Während für den Mystiker der Weg zu Gott über die Abkehr von Tätigkeit oder »Arbeit« führt, setzt für den Asketen das Heil gerade den Kampf voraus, das Bemühen, das Selbst zu verändern und die Gunst Gottes durch strenge Lebensführung zu erwerben. Und dennoch schreibt Max Weber:

> »Der Asket wird, vom Standpunkt des kontemplativen Mystikers aus gesehen, durch sein, sei es außerweltliches, Sichquälen und Kämpfen, vollends aber durch asketisch-rationales innerweltliches Handeln stetig in alle Belastetheit des geformten Lebens mit unlösbaren Spannungen zwischen Gewaltsamkeit und Güte, Sachlichkeit und Liebe verwickelt, dadurch stetig von der Einheit in und mit Gott entfernt und in heillose Widersprüche und Kompromisse hineingezwungen.«[14]

Cassian hatte die kontemplative Mystik durch seinen Lehrer Evagrius kennengelernt. Doch während Evagrius die Entleerung des Geistes bis zur Selbstvergessenheit forderte, glaubte Cassian offenbar, ein »leerer Geist« könnte dämonisch sein.[15] Sowohl Cassian als auch Shepard kannten kontemplative Stimmungen, aber ihre Praktiken führten nicht zu dem klassischen mystischen Ziel der Selbstaufgabe, sondern zu dem unablässigen – wenngleich variantenreichen – Streben nach Selbstveränderung. Chadwick schreibt dazu:

> »Zwischen Cassian und seinem jüngeren Zeitgenossen und Nachbarn, dem heiligen Vinzenz von Lérins, besteht ein Unterschied. Um die Summe des mönchischen Lebens zu kennzeichnen, benutzt er die Zeile aus den Psalmen: ›Nun sei ruhig und erkenne, daß ich Gott bin.‹ Cassian praktizierte die beständige Meditation über die Schrift und zitierte unablässig daraus. Doch dieses Zitat findet sich nicht in seinen Werken.«[16]

Noch auch fände man es in einem puritanischen Tagebuch. Solcher Zuversicht, solcher Loslösung vom Selbst, solcher Leere des Geistes war nicht zu trauen.

McGiffert hat zu Recht auf der Bedeutung beharrt, die der

Ersten Person Singular in Shepards *Journal* zukommt. Dabei stieß er auf zwei Facetten des Selbst: das beobachtende und das beobachtete Ich. Seine Analyse verdient es, ausführlich zitiert zu werden:

> »Tag für Tag demonstrieren diese Seiten das Leben ihres Autors als des Selbst, das leidet, wie auch als des Selbst, das beobachtet, abwägt und zu verstehen sucht. Shepards Frömmigkeit ist vor allem eine des Wahrnehmens. Überall im *Journal* finden sich Metaphern des Lichts und der Erleuchtung. ›Ich sah‹ ist seine charakteristische Wendung: ›Ich sah, daß ich ohne jedes Gespür für Gott war, daß ich dem Leben Gottes entfremdet war [...]‹; ›[...] am Sabbath-Morgen sah ich an diversen Fügungen, daß der Herr mir zürnte [...]. ›Ich sah, daß der Herr mich meinen Unglauben hatte erkennen lassen und mir den Wunsch eingab, das zu ändern.‹ Shepard sieht und wird gesehen – ein Chillingworth und zugleich ein Dimmesdale: da liegt Shepard, in ganz und gar echter Angst dahingestreckt, aber zugleich ist da dieser andere Shepard, aufrecht, meisterhaft in seinen Erkenntnissen, das sehende Ich, das zur Feder greift und eine Diagnose oder eine Empfehlung in das Tagebuch schreibt. Es ist etwas Gottähnliches an diesem zweiten Shepard – etwas, das gefährlich nahe an die schrecklichen Sünden der Anmaßung und des Stolzes herankommt. Könnte es geschehen, daß dieses ›Ich‹, das sich so lautstark zu Wort meldet, sich selbst verlöre? Und wenn es sich nicht verlöre, wie könnte es dann gerettet werden? Hier liegt, unerkannt, aber vielleicht nicht ungefühlt, die Schwierigkeit, vor der eine Frömmigkeit stand, die Tagebücher schrieb wie das von Shepard. Die Art und Weise, wie das Tagebuch geführt wurde, mit großer Aufmerksamkeit für die Bedürfnisse, die zu dieser Tätigkeit animierten, beschworen aufgrund der Selbstgewißheit und der emotionalen Zuversicht die Gefahr herauf, daß es überhaupt wertlos wurde, ein Tagebuch zu führen.«[17]

McGifferts Darstellung eröffnet eine ganze Kette provozierender Fragen. Shepards zuschauendes »Ich« antizipiert möglicherweise das wahrnehmende Ich der Romantik und der Moderne, ein Ich, das durch das Verschwinden Gottes abwechselnd gestärkt und geschwächt wird. Vielleicht entspricht es dem mißtrauischen erkennenden Ich, das sich ständig selbst über die Schulter schaut und sein Beobachten, seine eigenen Hervorbringungen beargwöhnt. Ohne Zweifel hatte das puritanische Schreiben trotz seiner gotteszentrierten Theologie nicht nur das »sehende Ich« zur Voraussetzung, es nahm auch die moderne Aufspaltung des Selbst in gegensätzliche Teile vorweg. Das puritanische Bewußtsein war in hohem Grade durch »Ichhaftigkeit« und sogar Selbstgerechtigkeit geprägt, und möglicherweise war seine Selbstherabsetzung nur das unvermeidliche Gegenstück seiner Selbstbehauptung.[18] Vielleicht war die Paradoxie des puritanischen Selbst der unausweichliche Ausdruck seiner nichtmönchischen, nichtzölibatären, weltlichen Verfassung.

Das puritanische Mißtrauen gegenüber dem Selbst hatte Auswirkungen, die weit über die mythologische Agenda hinausweisen, aus der es hervorging. Nach der Logik reflexiver Selbsterforschung konnte jede religiöse Äußerung – einschließlich jedes Bekenntnisses und jeder Selbstanklage – in den Verdacht geraten, ihrerseits nur Selbstbetrug zu sein. Hier drängen sich Analogien zur Dialektik des Zen-Buddhismus auf, der auf die Aufhebung oder »Entleerung« aller Subjekt-Objekt-Schemata pocht, weil sie doch stets in Widersprüchen enden. Letztlich muß auch das beobachtende oder anklagende Selbst zum Gegenstand radikaler Prüfung und Beurteilung gemacht werden. Wo das Selbst sich – wie bei den Puritanern – erweitert, so daß es sowohl den Ankläger als auch den Angeklagten umfaßt, da ist es auch für den Ankläger nur ein kleiner Schritt zu seinem eigenen Galgen.

Anmerkungen

1 *De institutis coenobiorum et de octo principalium vitiorum remediis*; deutsche Übersetzung: *Des Johannes Cassianus zwölf Bücher über die Einrichtungen der Klöster*, in: *Sämtliche Schriften des ehrwürdigen Johannes Cassianus*, 2 Bde., Kempten 1879; Bd. 1; *Collationes patrum in scythico eremo*; deutsche Übersetzung: *Des ehrwürdigen Johannes Cassianus Unterredungen mit den Vätern*, ibid., Bd. 1 und 2; sämtliche Zitate im Text aus diesen Übersetzungen.

2 Shepard war ein Geistlicher der ersten Generation in der Kolonie Massachusetts Bay; neben John Cotton und Thomas Harper gilt er als exemplarischer Repräsentant der frühen amerikanischen Puritaner. Er kam im Jahre 1635 in die Neue Welt. Die Zitate im Text stammen aus seinem *Journal* (1640–1642) und aus seiner *Autobiography* (1646), wie sie in *God's Plot: The Paradoxes of Puritan Piety*, hg. von Michael McGiffert, Amherst 1972, abgedruckt sind. Weitere Zitate aus *The Works of Thomas Shepard*, 3 Bde., New York 1967, die eine Reihe von Shepards Predigten und anderen Schriften versammeln; sämtliche Zitate aus Band 1.

3 Owen Watkins, *The Puritan Experience: Studies in Spiritual Autobiography*, New York 1972, S. 5.

4 Eine ausgezeichnete Studie ist: Charles E. Hambrick-Stowe, *The Practice of Piety: Puritan Devotional Disciplines in Seventeenth-Century New England*, Chapel Hill 1982.

5 Richard Baxter, zitiert nach: Sacvan Bercovitch, *The Puritan Origins of the American Self*, New Haven 1975, S. 17.

6 Ibid., S. 18.

7 McGiffert, Einleitung zu *God's Plot*, op. cit., S. 17.

8 Der Puritaner James Janeway, zitiert nach: Watkins, *Puritan Experience*, op. cit., S. 20 f.

9 Diese Episode ist zitiert in: Edmund S. Morgan, *Visible Saints: The History of Puritan Idea*, New York 1963, S. 91.

10 Ibid.

11 McGiffert, *God's Plot*, op. cit., S. 25.

12 Siehe Michel Foucault, »Technologien des Selbst«, in diesem Band S. 24 ff.

13 Siehe Max Weber, *Wirtschaft und Gesellschaft* (1922), 5. Aufl., Tübingen 1972; zweiter Teil, Kapitel V, I 19: »Die Erlösungswege und ihr Einfluß auf die Lebensführung«; zu den Unterschieden zwischen Askese und Mystik siehe insbesondere S. 228–337.

14 Ibid., S. 331.
15 Owen Chadwick, *John Cassian*, 2. Ausg., Cambridge 1968, S. 104.
16 Ibid., S. 94 f.
17 McGiffert, *God's Plot*, op. cit., S. 18 f.
18 Bercovitch diskutiert diesen Punkt (*Puritan Origins*, op. cit., S. 18–25).

5 KENNETH S. ROTHWELL
Hamlet, »der Sitte Spiegel«: die Macht, das Selbst und die Reformation

»Von den Dingen in der Welt ehre das stärkste. Es ist das, was alle Dinge gebraucht und alle verwaltet. Gleicherweise ehre auch von den Dingen in dir das stärkste. Es ist das, was jenem wesensgleich ist. Denn auch bei dir ist es das, was die übrigen gebraucht, und dein Leben wird von diesem verwaltet.«

Marc Aurel, *Selbstbetrachtungen*, 5.21

In William Shakespeares *Hamlet* verwandelt sich der mittelalterliche Konflikt zwischen Körper und Seele in das moderne Spannungsverhältnis von Macht und Selbst. Ganz wie Michel Foucault in *Die Ordnung der Dinge* die komplizierten Strukturen der klassischen Repräsentation am Beispiel eines Gemäldes demonstriert: *Las Meniñas* von Velasquez, geradeso können wir in *Hamlet* ein Emblem für die Schwierigkeiten und Dilemmata erblicken, vor die uns die Geschichte der Selbsttechniken stellt. Während Foucault sich in *Die Ordnung der Dinge* mit den Spannungen der Repräsentation auseinandersetzt, mit der Art und Weise, wie Zeichen und Bezeichnetes Gewißheiten und Ungewißheiten kodieren, lenkt Prinz Hamlet in Helsingör die Aufmerksamkeit auf die Systeme des Zwangs und der Überredung, der Fesselung und Entfesselung, die ihn einschränken und zugleich befreien. Im *Hamlet* schreibt Shakespeare eine Geschichte der Gegenwart, die in dramatischer Form darstellt, daß die Ablösung des Selbst von der Macht nicht zum Abschluß gelangt ist. Prinz Hamlet ist zwar, wie Ophelia sagt, »der Sitte

Spiegel«[1], dennoch muß er sich selbst in »der Bildung Muster«, Gußform neuer Technologien, umgestalten.[2]

Neben zahlreichen anderen Sachverhalten spiegelt *Hamlet* die Verschiebung zwischen Macht und Selbst, die aus der protestantischen Reformation resultierte. Als Martin Luther um die Mittagszeit des 31. Oktober 1517 seine fünfundneunzig Thesen an die Tür der Schloßkirche zu Wittenberg schlug, da löste er nicht nur eine politische Bindung zu Rom; er schuf zugleich eine Technologie oder Antitechnologie, die das individuelle Selbst einer schweren Prüfung unterzieht. Diese Prüfung läßt sich als der schmerzvolle Versuch deuten, die Macht unanfechtbarer Autorität in das anfechtbare Selbst zu verlagern – eine Verschiebung von dem gotteszentrierten Diskurs der Theologie und des Bekenntnisses zu dem menschenzentrierten Diskurs von Freud und Jung. Die Einverleibung kirchlicher in weltliche Sanktionsgewalt erzeugte lediglich das Bedürfnis nach Neuverteilung der Macht.

Als Heinrich VIII. dem Bischof von Rom vorwarf, er habe die kaiserliche Macht usurpiert, da gewann der Streit eine Komplexität, die nahezu unlösbar erschien. Von Christopher Marlows Dr. Faustus bis Dostojewskis Raskolnikow hat das Dilemma des anfechtbaren Selbst – die Embryonalgestalt des entfremdeten Selbst – Kunst und Leben in einer Weise geprägt, die vor der Reformation ganz unvorstellbar gewesen wäre. Es ging um nichts Geringeres als um die Macht, Wissen auszudrücken, zu definieren und zu verbreiten. Der Verlust der absoluten Wahrheit endete zunächst in der Vieldeutigkeit und dann in der Anarchie. Die Umwälzung installierter Normen durch die Reformation, die Zerschlagung der zivilisatorischen Mechanismen und die Aushöhlung der Werte bestätigten die apokalyptischen Visionen des Zeitalters: Pascals »Das ewige Schweigen dieser unendlichen Räume macht mir Angst«, Donnes »Aller Zusammenhalt ist dahin« und, natürlich, Hamlets »Die Zeit ist aus den Fugen: Schmach und Gram, / Daß ich zur Welt, sie einzurichten, kam!« (1.5.188).

In einer Weise, die wohl nicht wiederholbar ist, scheint

Hamlet ein Instrument in den geistigen Gärungsprozessen seiner Epoche gewesen zu sein, und dies so sehr, daß die Titelseite der 1603 erschienenen Quartausgabe uns mitteilt, das Stück werde vor allem für die jungen Leute an den Universitäten von Oxford und Cambridge gespielt. Läßt man die häufigen offenen Anspielungen auf Wittenberg[3], diese Brutstätte des Luthertums, einen Augenblick lang außer Betracht, so erscheint es zum Beispiel plausibel, das Stück als Allegorie auf die Reformation zu lesen. In einem solchen Modell steht »der blutschänderische Ehebrecher« (»that adulterate, that incestuous beast«), der Onkel Claudius, für den anmaßenden Papst oder (je nach theologischer Orientierung) für den Monarchen, der in den Streitschriften unablässig als Verkörperung des Antichrist gebrandmarkt wurde.[4] Hamlets Prüfung gründet nicht nur auf Brudermord und Inzest, sondern auch auf einer flagranten Verletzung des feudalen Bandes. Dänemarks königliches Bett, dies »Lager für Blutschand und verruchte Wollust«, symbolisiert eine sehr viel gewichtigere Verletzung des dänischen Reiches. Helsingör hat einen Quantensprung erlebt von dem erträglichen, wenn auch autoritären juristischen Modell von Vertrag und Unterdrückung hin zu dem unerträglichen, totalitären Arrangement von Herrschaft und Unterdrückung.[5] Dank der politischen Geschicklichkeit, die Claudius an den Tag legt, mag dies den anderen am Hofe verborgen bleiben, nicht jedoch dem geschärften Blick seines Neffen. Welche Ironie, daß ausgerechnet Rosenkranz sagen darf: »Der Majestät Verscheiden / Stirbt nicht allein« (3.3.15), während Hamlet »das allgemeine Ohr [...] erschüttern« soll mit Geschichten von dem Verbrechen an seinem Vater.

Die Zerrüttung der römischen Hegemonie durch die Staaten des Nordens oder, in anderen Fällen, die Unterjochung der nordeuropäischen Nationen durch Rom, ob sie nun im Zusammenhang mit Luther, Calvin, Servetus, Zwingli, Melanchthon oder Heinrich VIII. standen, setzten Kräfte frei, die für den Makrokosmos Europa ebenso gefährlich waren wie für den Mikrokosmos Helsingör. Im ganzen nördlichen Europa wurde ein Land nach dem anderen ergriffen von der Gleichgültigkeit gegen die Legitimität traditioneller Autorität und von der Neigung, Illegitimes für ein höheres Gut zu halten. Und die Versuche von Usurpatoren, das Illegitime zu legitimieren, nahmen im gleichen Maße zu wie die Kaltblütigkeit der Machteroberung. Selbst Henry Bolingbroke, immerhin ein Plantagenet von Geburt, konnte mehr Anspruch darauf erheben, ein Stellvertreter Gottes auf Erden zu sein, als die Reformatoren. Wenn wir nun auf *Hamlet* als Allegorie für diese historische Entwicklung zurückkommen, so können wir sagen, daß Hamlet selbst das Volk von England wurde, hin und hergerissen zwischen der Unterordnung unter ehrwürdige, mächtige Institutionen und einem aufflammenden Selbstbewußtsein – dabei wie Othello stets in der Angst, daß »das Chaos wieder da« ist (*Othello* 3.3.92).

In diesem weiten Verstande läßt *Hamlet* sich als Allegorie lesen, die in dunklen Anspielungen auf die Reformation verweist. Keine dieser Deutungen besäße indessen auch nur die geringste Überzeugungskraft, wäre sowohl in dem Text selbst wie auch zwischen den Zeilen nicht eine Ahnung, ja sogar ein Bewußtsein von den religiösen Erschütterungen der Epoche spürbar. Als Mann seiner Zeit (und aller Zeiten) konnte Shakespeare sich dem Dialog über religiöse Fragen kaum verweigern. Hier jedoch möchte ich mich auf drei Momente beschränken, in denen *Hamlet* die Geschichte der Reformationsmentalität widerspiegelt: 1. das Bild des Prinzen Hamlet als eines studentischen Dissidenten, der in den Gezeitenströmen der Diskurse von Renaissance und Reformation treibt; 2. das Zeugnis der Monologe für den Konflikt zwischen Macht und Selbst; 3. den abrupten Wandel, ja die an eine Neukonstruktion heranreichende Metamorphose in Hamlets Charakter, zu der es im fünften Aufzug kommt.

Zunächst einmal die offensichtlichen Reminiszenzen aus dem reformatorischen Lager. Weshalb zum Beispiel die schwergewichtigen Hinweise auf »Wittenberg«, die den ersten Monolog einrahmen? Die Stimme Wittenbergs als Ort der Lutherschen Lehre reichte weit, erregte Bewunderung bei den Dissidenten und Abscheu bei den Rechtgläubigen. Claudius, der klassische Usurpator, der sich bemüht, Illegitimes zu legitimieren, war besonders anfällig für solche Häresien, zu deren Ergebnissen auch die Rebellion gegen die Tyrannen gehörte.[6] Er war daher zu Recht besonders besorgt über die Rückkehr seines unberechenbaren und launischen Stiefsohns an einen Schauplatz so zügelloser Aufwiegelung: »Was Eure Rückkehr / Zur hohen Schul' in Wittenberg betrifft, / So widerspricht sie höchlich unserm Wunsch« (1.2.112). Und die Königin, Gertrude, pflichtet dem König bei, wenn auch vielleicht aus weniger gewichtigen Motiven: »Ich bitte, bleib bei uns, geh nicht nach Wittenberg« (1.2.119). Unmittelbar nach dem darauf folgenden Monolog (»O schmölze doch dies allzu schmutzige Fleisch«, 1.2.129 ff.) fragt Hamlet Horatio zweimal nach Wittenberg: »Was macht Ihr hier von Wittenberg, Horatio?« (1.2.164) und »Im Ernst, was führt Euch weg von Wittenberg?« (1.2.168). Hamlets Eifer und Beharrlichkeit bezeugen, daß Wittenberg ihn anzieht, als besäße es eine spirituelle oder intellektuelle Kraft, die in Helsingör verlorengegangen ist. Wittenberg erscheint wie ein Garten Eden, eine Welt vor dem Sündenfall – im Unterschied zu der Fäulnis Dänemarks, das ein »Kerker« ist.

Der »Studentenprinz«, wie S. F. Johnson ihn treffend genannt hat[7], läßt sich, so könnte man sagen, sogar von den Lehren Philipp Melanchthons einnehmen, der in seinem Lob der Astronomie das Studium der Natur mit der Lobpreisung Gottes verknüpfte:

> »Gott den Schöpfer in der Ordnung der Himmelsbewegungen und in Seinem ganzen Schöpfungswerk zu erkennen, das ist wahre und nutzbringende Prophetie. [...] Am Himmel hat Gott gewisse Dinge der Kirche dargestellt.«[8]

Hamlets eigenes »Sinnen« über »dies majestätische Dach mit goldnem Feuer ausgelegt: kommt es mir doch nicht anders vor, als ein fauler, verpesteter Haufe von Dünsten« (2.2.301 f.) beweist entweder gravierenden Skeptizismus im Stile der pyrrhonischen Aufschiebung des Urteils eines Montaigne oder aber heimlichen Unglauben. Seine schülerhaften Verse an Ophelia: »Zweifle, daß die Sterne Feuer, / Zweifle, daß die Sonne sich bewegt« (2.2.116 ff.)[9], werden zwar oft als Bekräftigung des alten ptolemäischen Weltbilds verstanden, sie können jedoch durchaus auch ein Echo auf die kopernikanischen Vorstellungen in Wittenberg gewesen sein. Im späten sechzehnten Jahrhundert hielt Caspar Peucer, Melanchthons Schwiegersohn und Schüler, dort Vorlesungen über diese Thematik.[10]

Das eifrige Interesse an den »Philippisten« in Wittenberg und an der neuen Wahrheitsidee, für die sie standen, deckt sich übrigens mit Hamlets Einstellung zu anderen Formen der Macht. Seinen »düsteren Mantel« und seine »gewohnte Tracht von ernstem Schwarz« hat man zu Recht im Sinne jener modischen Melancholie gedeutet, in der John Donne sich auf einem zeitgenössischen Porträtbild präsentierte. Geradesogut freilich entspricht diese Kleidung dem puritanischen Geschmack, etwa dem eines Zeal-of-the-Land-Busy in Johnsons *Bartholomäusmarkt*, der glücklich ist, »die Abschaffung der Jahrmärkte und Maifeiern, der Kirchweihen und Pfingstbierfeste voraussagen« zu können und »seufzend nach der Reformation dieser Mißbräuche verlangt« (*Bartholomäusmarkt* 4.6.91). Auch scheinen Petruchio und Malvolio Verhaltensweisen zu verkörpern, die sich von denen Hamlets nicht sonderlich unterscheiden – man denke nur an Petruchios Argwohn gegen Äußerlichkeiten (»Denn nur der Geist macht unsern Körper reich« [*Der Widerspenstigen Zähmung* 4.3.172]) und an Malvolios Abscheu vor sinnlichen Genüssen (»Ihr müßt den Trunk ablegen«, rät er dem Junker Tobias [*Was ihr wollt* 2.5.73]). Asketische Neigungen wie diese haben ihre eigenen ideologischen Codes. So teilt

Hamlet sowohl Petruchios Mißtrauen gegen den bloßen Anschein als auch Malvolios Verachtung für Säufer. Als Hamlet und Horatio den Lärm des »schwindelköpf'gen Zechens« vernehmen, das Claudius, wie es Brauch ist, veranstaltet (1.4.17), da warnt Hamlet seinen Schulfreund, er könnte gezwungen sein, sich den beklagenswerten Sitten in Helsingör zu fügen und sogar trinken zu lernen. Und Hamlets offenkundige Misogynie könnte ebensowohl in einem Paulinischen Frauenbild wie in einer »psychischen« Schrulle gründen. Hamlet kennt sehr wohl die Bedeutung von »Der Seelen Tod in schimpflicher Zerstörung« (Sonett 129), wie seine Abscheu vor Ophelia – »ihr schlendert, ihr trippelt und ihr lispelt, und gebt Gottes Kreaturen verhunzte Namen, und stellt euch aus Leichtfertigkeit unwissend« (3.1.144–146) – oder sein Ekel vor der Begierde, die Gertrude in ihrem Alter an den Tag legt – »Laßt den geduns'nen König Euch ins Bett / Von neuem locken, in die Wangen Euch / Mutwillig kneifen; Euch sein Mäuschen nennen, / Und für ein paar verbuhlte Küss', / Ein Spielen in Eurem Nacken mit verdammten Fingern« (3.4.182–185) – hinlänglich bezeugt. Das berühmte Pauluswort kommt einem in den Sinn: »Ein Mann tut gut daran, keine Frau zu berühren« (1 Kor. 7.1), oder sein Ausspruch: »Haben sie jedoch nicht die Kraft zur Enthaltsamkeit, so sollen sie heiraten. Es ist nämlich besser zu heiraten als zu brennen« (1 Kor. 7.9). Bekanntlich zogen die protestantischen Reformatoren gegen den, wie sie es empfanden, römischen Mißbrauch der Evangelien zu Felde; sie beharrten auf dem Projekt der Urkirche, die sie in den Schriften des Paulus wiederzufinden suchten. Und trotz aller Differenzen im übrigen dürfte Hamlet dem Laertes in seiner Verachtung für den »harten Priester« durchaus beigepflichtet haben.

In Hamlets Lustfeindlichkeit und seiner mutmaßlichen Aversion gegen die Reize des anderen Geschlechts bekundet sich ein Bild des Selbst, das von dem der etablierten kirchlichen und weltlichen Macht abweicht. Angst vor der Usurpation des Geistes durch weibliche List speist den Widerwillen, den er vor Ophelia empfindet. Wie Shakespeares Sonett 129 zeigt, hat der Ausdruck »Geist« (»spirit«) sowohl fleischliche als auch spirituelle Konnotationen. Hamlets Lustfeindlichkeit steht in der Tradition christlicher Askese. Er weist Ophelia jedoch nicht allein deshalb zurück, weil er Gott dienen möchte, sondern auch, um sich selbst umzuformen. Nur indem er sich der machtvollen Sphäre der Hofgesellschaft widersetzt, vermag er größere Macht in sich selbst zu gewinnen. Die Monologe im ersten Teil des Stückes, die seinen inneren Aufruhr andeutungsweise enthüllen, verraten etwas von den Seelenqualen, die Hamlet erleidet, während er sein Selbst im Rahmen der Zwänge, die ihm der Machtkampf am dänischen Hofe auferlegt, umzubilden versucht. Freilich offenbaren Hamlets Meditationen weniger über ihn selbst, als man meinen könnte. Sie erzeugen nur die Fiktion von Privatheit, da sie in Wirklichkeit unter den Augen eines großen Theaterpublikums stattfinden.[11] Sie sind ein dramaturgischer Kunstgriff und vermeiden die vollständige Aufdeckung innerster Geheimnisse, wie sie für spätere innere Diskurse charakteristisch ist. Hamlet ist nicht imstande, »sein Herz vor den Füßen des göttlichen Throns zu enthüllen«, wie Rousseau es in seinen *Bekenntnissen* fordert.[12] In den Selbstgesprächen richtet er seine Aufmerksamkeit nach außen, auf Helsingör und sein Verhältnis zum Hof, nicht, wie oft behauptet wird, nach innen, auf die unbedingte Erforschung seiner selbst. Womit wir es hier zu tun haben, ist ein selbstreferentielles Psychodrama, angetrieben von Selbstvorwürfen wegen seiner Untätigkeit, kaum einmal vom Interesse an verborgenen Motiven. Hamlet spielt den Soziologen, wenn er Helsingör als gefallene Welt begreift, als einen »wüsten Garten, / Der auf in Samen schießt« (2.1.135 f.), und sich, wie Harold Jenkins dargelegt hat, mit der Hyperion-Gestalt seines Vaters identifiziert – im Gegensatz zu der Satyr-Gestalt des Claudius.[13]

Ein kräftigeres Anzeichen von Selbstprüfung finden wir in

»O welch ein Schurk' und niedrer Sklav' ich bin« (2.2.550), nach dem Treueschwur gegenüber dem Geist des Vaters: »ich vermute was / Von argen Ränken« (1.2.255) und »dein Gebot allein soll leben« (1.5.102). Das entscheidende Ereignis in diesem Selbstgespräch ist die abrupte Kehre vom Vertrauen in die Verläßlichkeit des Geistes zum Zweifel. Nach der eher förmlichen Begrüßung des Geistes gab es keinen Hinweis auf Skrupel und Skepsis, und die Bemerkung des Geistes: »Du scheinst mir willig«, legt den Schluß nahe, daß der Prinz tatsächlich ein Musterschüler ist. Nun aber, nachdem er seine eigene Tatenlosigkeit dem Vergleich mit der Tatkraft eines bloßen Schauspielers ausgesetzt hat, stellt er plötzlich die peinliche Frage: »Bin ich 'ne Memme?« (2.5.571). Doch genau in diesem Augenblick bricht er die Selbsterkundung ab, um sich eine »Falle« auszudenken, mit der sich die Schuld des Claudius erweisen läßt: »Der Geist / Den ich gesehen, kann ein Teufel sein; / Der Teufel hat Gewalt sich zu verkleiden« (2.2.598–600). Statt der Gründe der Tatenlosigkeit entdeckt er die Motive seines Zögerns. Es fehlt eine moralische Autorität für das Handeln, ein Band zwischen Macht und Selbst, das die Tat zur Pflicht machte. Hamlets Suche nach einem Beweggrund, zu handeln, ist in Wahrheit die Suche nach der Macht, Machtlosigkeit zu beheben. Die »Renaissance«-Komponente in ihm hat ihn besser für politische Technologien vorbereitet, als die »Reformations«-Komponente ihn mit einer Technologie des Selbst ausgestattet hat.

Die stärker persönlich geprägten Meditationen im »Sein-oder Nichtsein«-Monolog bewegen sich weg vom Renaissance-Interesse und hin zu reformatorischen Topoi, insbesondere zum Protestantismus des »irenischen Flügels« französischer Denker.[14] Die Worte »Sein oder Nichtsein«[15], ob sie nun in der aristotelischen Bedeutung von *esse* zu lesen oder im Sinne von »leben oder sterben«, »handeln oder nichthandeln«, »rächen oder nicht rächen« zu verstehen sind, umreißen Hamlets zentrales Dilemma. Seine Widersprüchlichkeit, seine Zweifel und Ängste, seine Gewißheiten und sein Schwanken zwischen der gefallenen Welt von Helsingör und der nicht gefallenen Welt seiner Träume treten in diesem neostoischen Diskurs zutage. Darin grenzt »Schicksal« manchmal an »Bestimmung« oder sogar an »Auserwähltheit«, obgleich ich Walter Kings scharfsinniger Unterscheidung zwischen »Schicksal« und »Vorsehung« durchaus zustimme.[16] Man beachte zum Beispiel, wie nahe die heidnischen Begriffe des »Geschicks« und der »Philosophie« bei Marc Aurel den christlichen Lehren von der »Vorsehung« und von »Gott« kommen, obwohl die Theologie in beiden Fällen eine ganz unterschiedliche ist:

> »Vom menschlichen Leben ist die Zeit ein Punkt, die Substanz in Fluß, die Wahrnehmung dunkel, die Zusammensetzung des ganzen Körpers zur Fäulnis geneigt, die Seele umherirrend, das Geschick schwer zu ergründen, der Ruf urteilslos [...] Was vermag uns da zu geleiten? Einzig und allein die Philosophie.«[17]

Die Trennung von Macht und Selbst, in der Marc Aurel gelegentlich das Indiz einer betrübten Seelenverfassung erblickte[18], findet sich auch in den späteren Selbstgesprächen, wo Hamlet einerseits von »heißem Blut« spricht und sich andererseits ermahnt, Gertrude gegenüber nicht wie Nero aufzutreten (3.2.390), wo er Claudius einem Schwert ausliefern möchte, das »schrecklicher gezückt« ist (3.3.88), obschon das Schwert der Gerechtigkeit zur Rache erhoben ist, und wo er sich laut fragt, ob er tatsächlich eines »bangen Zweifels« (4.4.40) schuldig ist, während er Fortinbras »einen Strohhalm selber groß verfechten« sieht, »wenn Ehre auf dem Spiel« steht (4.4.55 f.).

Ein Schlüssel für Hamlets Orientierungslosigkeit liegt darin, daß es, genau besehen, zwei Hamlets gibt.[19] Der eine von ihnen, eine Renaissancefigur, ist zentrifugal ausgerichtet und verfügt über Techniken, mit denen er die Welt ringsum zu gestalten vermag; der zweite, ein Reformatortypus, ist zentripetal ausgerichtet und offen für Techniken zur Entdekkung des inneren Selbst. Der Renaissancemensch, so könnte man sagen, beschwor die ewige Verdammnis herauf; der Reformationsmensch strebte nach dem Seelenheil. In Wirklichkeit allerdings gingen die Selbsttechniken, die für den Renaissance- und den Reformationsgestus kennzeichnend waren, häufig eine Symbiose ein; doch wenn sie in ein und derselben Person zusammenkamen, erzeugten sie explosive Widersprüche.

In seiner Verwirrung über den Zustand der Welt erweist der erste Hamlet sich entfremdet von nahezu allen, die in Helsingör Macht haben. Sein gespielter Wahn erfüllt sogar die Funktion, die Foucault dem Wahnsinn beimißt: »er sagt in seinen Wahngespinsten seine geheime Wahrheit«.[20] Gertrude gegenüber verhält der Prinz sich grob; Polonius gegenüber tritt er frech auf, Laertes gegenüber distanziert; Ophelia begegnet er sardonisch, Rosenkranz und Güldenstern herablassend. Der symbolträchtig in seine »gewohnte Tracht von ernstem Schwarz« gekleidete Hamlet ist immun gegen alle Formen sozialen Austauschs, einzig Horatio und ein Geist werden des Umgangs mit ihm für würdig befunden. Die Unruhe, die Verwirrung, das »wunderliche Wesen«, der Wahnsinn, die Raserei, die Lästerei, die Ausgelassenheit, die Aufdringlichkeit, der Kommandoton und das Predigen, das Einschüchtern, der Sarkasmus, die Wortspiele, die Foppereien und die ganze Zwiespältigkeit seines Charakters bestimmen ihn am Ende zum »Antihelden«. Dieser Mann der »wirblichten und irren Worte«, wie Horatio ihn beschreibt (1.5.133), vermag in der zweiten Szene des fünften Aufzugs mit aller Heiterkeit zu sagen: »Daß eine Gottheit unsre Zwecke formt, / Wie wir sie auch entwerfen« (5.2.10 f.).

Hamlet durchläuft nicht nur in der Wahrnehmung einen tiefgreifenden Wandel, sondern auch in seinem Verhalten. Das ist kein Prinz Hal, der eine Maske abnimmt und ein inneres Selbst offenbart, eher schon ein Herzog Friedrich aus

Wie es euch gefällt, der zum »Konvertiten« geworden ist. Etwa um dieselbe Zeit geschrieben wie der *Hamlet*, zeigt *Wie es euch gefällt*, daß Shakespeare auch hier an das Phänomen der Bekehrung dachte (das präziser vielleicht mit dem protestantischen Begriff der Wiedergeburt umschrieben wäre), wie er es ja schon vorher getan hatte, als Katharina Minola ein ähnliches Erlebnis hat wie Paulus auf dem Weg nach Damaskus – unterwegs nach Padua sieht Katharina plötzlich die »Sonne« als »Mond« und den »Mond« als »Sonne« (*Der Widerspenstigen Zähmung*, 4.5.10). Hamlet hat sich weniger »geformt« als vielmehr »umgeformt«.

Hamlet kann nichts wissen und weiß in der Tat nicht viel von der Gegenverschwörung, die Claudius und Laertes gegen ihn anzetteln; oder vielleicht *weiß* er es auf eine gleichsam transzendente Weise, wie sie nur Heiligen und Irren zugänglich ist. Die Anerkennung eines Plans der Vorsehung, eines Universums, das nicht länger »ekel, schal und flach und unersprießlich« ist, sondern voller Bedeutung, tritt in dieser Vision zutage: »Ich trotze allen Vorbedeutungen: es waltet eine besondere Vorsehung über den Fall eines Sperlings. Geschieht es jetzt, so geschieht es nicht in Zukunft; geschieht es nicht in Zukunft, so geschieht es jetzt; geschieht es jetzt nicht, so geschieht es doch einmal in Zukunft. In Bereitschaft sein ist alles« (5.2.219–222). Diese prophetische Rede steht nicht isoliert, ist keine Äußerung einer einzelnen Figur wie Glosters Bemerkung im *Lear*, daß wir sind, »was Fliegen für mutwillige Knaben sind« (*König Lear*, 4.1.36); vielmehr ist sie fest in den Kontext des Stückes eingebettet. Hamlets innere Reinigung vollzieht sich auf Kosten seiner äußeren Reputation; um wieder Macht in sich selbst zu erlangen, muß er diese Macht jemand anderem überlassen. Anders ausgedrückt: Der Rächer, der sich selbst für seine Handlungsunfähigkeit verflucht (»Bin ich 'ne Memme?«), übernimmt die Rolle des Antagonisten statt der des Protagonisten. Er ist gefallen, um aufzusteigen. Diese Metamorphose des Charakters – in einer Art Freudscher

Fehlleistung macht Shakespeare Hamlet in der Friedhofszene um Jahre älter – gehört zu den großen Geheimnissen des Stückes. Wahrscheinlich beruht sie auf einer bewußten, absichtsvollen und künstlerisch wohlerwogenen Entscheidung.[21]

Hamlets Dilemmata, von denen man gewöhnlich sagt, sie wurzelten in der Spannung zwischen Mittelalter und Neuzeit, entspringen den Technologien der konvergierenden und divergierenden Renaissance- und Reformationsideologien. Hier könnte ein Schlüssel für die Widersprüche zwischen dem früheren und dem späteren Hamlet liegen – einer, der gerne ein Mann der Tat wäre, wendet sich der Kontemplation zu; aus einem Protagonisten wird ein Antagonist, oder, grob vereinfacht, aus dem Renaissancemenschen wird ein Reformationsmensch.

Hamlets reformatorische Neigungen haben eine Parallele in dem Diskurs des französischen Protestanten Philippe Duplessis-Mornay (1549–1623). Duplessis, der mit Persönlichkeiten wie Sir Philip Sidney und Michel de Montaigne bekannt war, hat unter anderen Traktaten auch die *Excellens traitez et discours de la vie et la mort* (Lausanne 1576) verfaßt. Manche Anzeichen deuten sogar auf Verbindungen zwischen Shakespeare und Duplessis, der Sidney-Familie sowie den im Londoner Exil lebenden Hugenotten hin.[22] Von besonderem Interesse in unserem Zusammenhang ist die Ideologie Duplessis' und der französischen Reformatoren, die ein Licht auf Hamlets Wandlung von der Verwirrung zur Heiterkeit werfen mag, da diese Wandlung in vielerlei Hinsichten an die »irenische« Einstellung erinnert, welche die französischen Reformatoren zu den tolerantesten unter den Dissidenten machten.[23]

Die Schriften des Hugenotten Duplessis, die vielfältige untergründige Affinitäten zum *Hamlet*[24] aufweisen, waren geeignet, ein Paradigma für eine neue, in neostoischen und reformatorischen Ideologien gründende Selbsttechnologie zu stützen. Die Anhänger Heinrichs von Navarra, des französischen Königs, der die Hugenotten gegen die katholische Partei führte und später verriet (Paris war »eine Messe wert«), bewiesen ein Maß an Toleranz in religiösen Fragen, das damals höchst selten war. Die Geschichte des Protestantismus reicht in Frankreich noch vor Luthers fünfundneuzig Thesen zurück; die französischen Protestanten hatten jedoch stets unter einer Übereinkunft zwischen Papst und König zu leiden, die diesem die Kontrolle über die Kirche zugestand. Daher rührte es, daß die Unterstützung der Protestanten in Frankreich weder ökonomische noch politische Vorteile verhieß, wie es in Deutschland und England der Fall war. Vielleicht weil die Hugenotten ihren Kurs zwischen der Landbevölkerung, die Rom die Treue hielt, und dem König, der ein Bündnis mit Rom geschlossen hatte, steuern mußten, entwickelten sie eine erstaunliche Duldsamkeit gegenüber Andersgläubigen. So sprach der Chancelier l'hôpital 1560 vor den Generalständen in Blois von den »Waffen der Nächstenliebe, des Gebets, der Überzeugung und der Worte Gottes [...] Lassen wir ab von den schädlichen Namen [unserer] Faktionen. Begnügen wir uns mit dem Titel Christen«.[25] In dieser Haltung verkörpert sich der irenische Geist, der Duplessis-Mornays Schriften innewohnt. Hier ging es nicht darum, mit Fortinbras sogar noch um einen Strohhalm zu kämpfen, sondern darum, irdischen Streit durch den Glauben an eine göttliche Vorsehung zu überwinden.

Obwohl der Hebräismus im Wettbewerb um die ideologische Vorrangstellung unter den Reformatoren über den Hellenismus triumphierte, waren die Calvinisten eher als die Lutheraner geneigt, sich an antiken Vorbildern zu orientieren. Nicht zuletzt deshalb spielen heidnische Denker mit prophetischer Begabung wie Marc Aurel oder Seneca in den Texten Duplessis-Mornays eine hervorragende Rolle – sie sind erfüllt von dem Wunsch, mit Gram und innerem Aufruhr fertig zu werden, dem verletzten Selbst oder dem »verstörten Geist« Linderung und Ruhe zu bringen. Und das Streben nach heiterer Gelassenheit inmitten der Wirren bei

Hofe ist unverkennbar auch ein zentrales Motiv des *Hamlet*. Es konkretisiert sich in den vielfachen spiegelbildlichen Beziehungen, auf welche der Text gegründet ist. Harold Jenkins zum Beispiel hat darauf hingewiesen, daß Laertes zu Hamlets »Spiegelbild« wird (5.2.77), wenn er dessen Rolle als betrogener Sohn eines betrogenen Vaters für sich in Anspruch nimmt.[26] Und Hamlet selbst möchte wie Fortinbras sein und »einen Strohhalm selber groß verfechten« (4.4.55). Im übrigen ist nahezu unbemerkt geblieben, daß Hamlet seinem Vater nur eines zu geben vermag: »Ruh, Ruh, verstörter Geist« (1.5.182). Das Schreckensbild, das der Vater vom Jenseits entwirft (»Wär's mir nicht untersagt / Das Innre meines Kerkers zu enthüllen, / So höb' ich eine Kunde an, von der / Das kleinste Wort die Seele Dir zermalmte, / Dein junges Blut erstarrte, deine Augen / Wie Stern' aus ihren Kreisen schießen machte, / Dir die verworrnen krausen Locken trennte« (1.5.15–18), wird zum Muster und Stoff für Hamlets eigene Qualen. Wie sein Vater, so erfährt auch er den Schlangenbiß des »blutschänderischen Ehebrechers«, seines Onkels Claudius, die Schuld an den »Verbrechen meiner Zeitlichkeit« (»foul crimes done in my days of nature«), dem Tod von Polonius, Rosenkranz und Güldenstern nämlich, und die schreckliche Ungewißheit, niemals Ruhe zu finden im Garten, nicht einmal zur »sichersten Stunde«. Das größte Geschenk, das Hamlet seinem Vater machen kann, ist dasselbe, das er sich selbst machen kann: von der Unruhe des eigenen Selbst befreit zu werden.

In vielerlei Hinsicht gebraucht Duplessis-Mornays Traktat über den Tod die nämlichen thematischen und sprachlichen Topoi wie Hamlets »Sein-oder-Nichtsein«-Monolog oder Herzog Vincentios Rede über den Tod in *Maß für Maß*.[27] In der Tat ist der *Discours*, den die Countess of Pembroke ins Englische übersetzte, eines jener Trostbücher, die allenthalben in den Bücherschränken des elisabethanischen England standen. Ein gutes Beispiel dafür ist Cardanos *Comforte*, das Hardin Craig einmal als »Hamlets Buch« bezeichnet hat.[28] Den Kern dieses Credos bildet ein theologischer Voluntarismus, die Bereitschaft, sich dem Willen Gottes anheimzugeben. Mit der christianisierten Stoa kommt ein Anflug von Heiterkeit, ja sogar Befreiung hinzu, entweder als Folge oder als Ursache dieser den irdischen Sorgen enthobenen Haltung. Der Tod wird nicht als Ende, sondern als Anfang gedacht, nicht als Gegensatz zum Leben, sondern als dessen Krönung, nicht als Übel, sondern als Verwirklichung des Heilsplans. So bemerkt Duplessis: »Welches Übel liegt denn im Tod, daß man ihn so sehr flieht? Oder vielmehr, welches Übel liegt denn nicht im Leben?« (50 f.)[29] Oder, wie im Anklang an Hamlets grüblerischen Tonfall: »Denn ich bitte euch, was soll denn der noch fürchten, der den Tod herbeiwünscht? Meint man etwa, ihn aus seiner Heimat vertreiben zu können? Er weiß, daß seine Heimat anderswo ist und daß man ihn nicht von dort vertreiben kann und daß er in all diesen Gefilden nur Gast ist« (964–967). Mit Montaigne teilte Duplessis den Wahlspruch »Mourir pour vivre, & vivre pour mourir« (»Sterben um zu leben und leben um zu sterben«).

Die schroffe Trennung zwischen innerer Stärke und institutioneller Machtlosigkeit wird am Schluß des Stückes aufgehoben. Nicht lange nach der mißglückten Englandreise und dem symbolischen Abstieg in Ophelias Gruft entdeckt Hamlet eine Macht in sich selbst, die er draußen in der Welt nicht mehr zu finden vermag. Hamlet verwirklicht seine Selbstwerdung paradoxerweise im Kontext der Natur, einer geheimnisvollen Andersheit. Da ist eine innere Stimme, die ihm die Überzeugung eingibt, noch in den geringsten Dingen, und sei es »der Fall eines Sperlings«, Sinn wahrzunehmen. In Duplessis-Mornays Worten lautet der Topos folgendermaßen: »Gott holt den einen am Morgen von seiner Arbeit fort, den anderen am Mittag, einen dritten am Abend [...], jeden zu seiner Zeit. Wer sein Werk verläßt, bevor er gerufen wird, der verliert es, und wer sich vor der Zeit aufdrängt, verliert seinen Lohn. Wir müssen uns seinem Willen fügen, der uns mitten in unserer Arbeit zur ewigen Ruhe holt« (1008–1016).

Hamlets neue innere Kraft mag einem ganz der Welt zugewandten Renaissancemenschen als Machtlosigkeit erscheinen, in den Augen eines reformatorischen Gottes ist sie unüberbietbar. Sie überschreitet und unterminiert zugleich die geläufigen weltlichen Verhaltensmodelle. Tatsächlich erweist sie sich als Siegel der Paulinischen Lehre vom »heiligen Narren«, der ein Weiser in den Augen Gottes und ein Narr in den Augen der Menschen ist (siehe 1 Kor. 1.18 f.). Duplessis drückt es so aus: »Wir sehen, aber durch täuschende Gläser; wir haben Augen, aber sie sind trübe. Wir glauben zu sehen, aber es ist nur Traum« (849–852). Diese neue Rüstung stimmt Hamlet eher versöhnlich gegen seine ehemaligen Feinde, als daß sie seinen Rachedurst anstachelte (ausgenommen ist einzig Claudius, obwohl wir nicht wissen können, was geschehen wäre, wenn Claudius nicht seinerseits einen Racheplan geschmiedet hätte), und sie gestattet es Hamlet, das zentrale Dilemma zu lösen, das Dilemma zwischen »Sein« und »Nichtsein«. Für Duplessis standen »Sein« und »Nichtsein« im aristotelischen Verstande von *esse* und *non esse* für Leben und Tod. »So bleibt denn, daß nicht sein, nicht leben [...] vor dem Sein war.«[30] Für Hamlet dagegen heißt »sein«, die Herausforderung des Hofes und zugleich die der jenseitigen Welt seines Vaters anzunehmen. Duplessis drückt es so aus: »Nur der Tod vermag uns das Leben und das Licht zurückzuerstatten« (854). Im Tode findet Hamlet jenes »Licht«, nach dem Claudius und Polonius rufen (3.2.269) und das sie nicht finden. So ist denn Hamlet am Ende des Stückes weniger ein Rächer des Bösen als ein Werkzeug der göttlichen Gerechtigkeit.[31]

Daß Hamlets Erneuerung durch einen schriftstellerischen Kunstgriff in weltlicher Verkleidung daherkommt, zeugt vom Genie des Autors, der dem Partikularen universelle Bedeutung verleiht. Hamlet, der »der Sitte Spiegel« war, mußte neuartige Technologien des Selbst »der Bildung Muster«

(3.1.153) einverleiben, um das Muster zu ersetzen, von dem Ophelia einst bewundernd gesprochen hatte. Es galt, aus den Resten eines alten Selbst ein neues Selbst zu errichten. Hamlet zerbrach an der Spannung zwischen der machiavelistischen Weltzugewandtheit des Hofes und dem protestantischen Eifer Wittenbergs – sie explodierte in einem persönlichen Trauma und einer sozialen Katastrophe. Sein verhängnisvoller Versuch, Selbst und Gesellschaft miteinander zu verknüpfen, mag uns als Aufschub oder als Nichtlösung eines zeitlosen Dilemmas erscheinen. Obwohl weder Hamlet noch Shakespeare die Konflikte voraussehen konnten, die im zwanzigsten Jahrhundert zwischen den Technologien der Gesellschaft und denen des Selbst aufbrechen sollten, haben sie diese Konflikte vorgebahnt. *Hamlet* lenkt unseren Blick auf die Ordnung der Dinge, in der Vergangenheit, Gegenwart und Zukunft ineinanderfließen. Und auch wenn wir Hamlets Geheimnis niemals vollständig werden ergründen können, so bleibt uns jedenfalls das Privileg, Shakespeares Inszenierung dieses Geheimnisses uns vor Augen zu führen.

Anmerkungen

1 *Hamlet* 3.1.153. Sämtliche Zitate aus *Hamlet* nach der Schlegelschen Übersetzung; die Zeilennummern beziehen sich auf *The Riverside Shakespeare*, hg. von G. Blakemore Evans u. a., Boston 1974.

2 Siehe Stephen Greenblatt, *Renaissance Self-fashioning: From More to Shakespeare*, Chicago 1980. Die meisten Figuren, mit denen Stephen Greenblatt sich in seiner Arbeit befaßt, bedurften in höherem Grade einer »Selbstformung« als Hamlet. Deshalb gehe ich hier davon aus, daß Hamlets zentrale Methode die »Umformung« ist. Zu einer früheren Studie über das »Selbst« in den Shakespeareschen Dramen siehe J. Leeds Barroll, *Artificial Persons: The Formation of Character in the Tragedies of Shakespeare*, Columbia 1974. Barrols Konzept des »transzendentalen Seins« eignet sich gut zur Herausarbeitung der Unterschiede zwischen den modernen und den spätmittelalterlichen Formen der Selbsteinschätzung.

3 Zwei relativ neue Verweise darauf finden sich bei Nigel Alexander, *Poison, Play, and Duel: A Study in Hamlet*, Lincoln 1971, S. 8 f., und bei Walter N. King, *Hamlet's Search for Meaning*, Athens 1982, S. 17. In einer Weise, die eine Bestätigung für die allgemeine Argumentation dieses Kapitels zu bieten scheint, bemerkt King: »Nirgendwo sonst [als in Wittenberg] hätte Hamlet die Möglichkeit gehabt, in einen engeren geistigen Kontakt mit dem Vorsehungsdenken in seiner ganzen Umstrittenheit zu kommen.«

4 Bekanntlich erhoben die religiösen Traktate der Tudorzeit Verleumdung und Beleidigung zu einer hohen Kunst, wie die Publikationen der Parker Society ausgiebig belegen. Ein nach Inhalt und Tonfall typisches Beispiel ist John G. Jewels *A Defence of the Apologie of the Church of England, containing an Answer to a Certain Book lately set forth by Mr. Harding ...*, in: *Works of John Jewel*, Bd. 3 hg. von John Eyre, Parker Society 25, Cambridge 1848. Hardings römisch-katholische Erwiderungen auf Bischof Jewels Anwürfe sind nicht minder beleidigend.

5 *Power/Knowledge: Selected Interviews and Other Writings, 1972–77, by Michel Foucault*, hg. von Colin Gordon, New York 1980, S. 9.

6 Als Beispiel einer protestantischen Streitschrift gegen die Tyrannei der Könige siehe den unter Pseudonym erschienenen Traktat *Vindiciae contra tyrannos*, dt.: *Strafgericht gegen die Tyrannen*, in: Theodor Beza, *Das Recht der Obrigkeiten gegenüber den Untertanen*, Köln 1968, der vielfach Duplessis-Mornay zugeschrieben wird.

7 S. F. Johnson, »The Regeneration of Hamlet«, in: *Shakespeare Quarterly* 3, 1952, S. 206.

8 Siehe Robert S. Westman, »The Melanchthon Circle, Rheticus, and the Wittenberg Interpretation of the Copernican Theory«, in: *Isis* 66, 1975, S. 170; das Zitat stammt aus Philipp Melanchthons Abhandlung *De Orione* (1553); ich danke Theodore Chiari, der mich auf diese Abhandlung hingewiesen hat wie auch auf den in Anmerkung 9 erwähnten Aufsatz über Caspar Peucer.

9 »Doubt thou the stars are fire, / Doubt that the sun doth move«; Schlegel übersetzte hier allzu frei: »Zweifle an der Sonne Klarheit, / Zweifle an der Sterne Licht.« (*A. d. Ü.*)

10 Eine zusammenfassende Darstellung zu Peucers gelehrten Interessen und seiner Stellung innerhalb des Melanchthon-Kreises in Wittenberg findet sich bei Robert Kolb, »Caspar Peucer's Library: Portrait of a Wittenberg Professor of the Mid-Sixteenth Century«, in: *Sixteenth-Century Bibliography* 5, St. Louis 1976.

11 Greenblatt, *Renaissance Self-fashioning*, op. cit., S. 87.

12 Siehe Huck Gutman, »Rousseaus *Bekenntnisse*: eine Selbsttech-

nik«, in diesem Band S. 118 ff. Gutman verweist auf die relative Zurückhaltung vorromantischer Gestalten bei der Enthüllung innerster Gedanken. Wie Foucault es ausdrückt: »mit größter Genauigkeit bemüht man sich zu sagen, was zu sagen am schwersten ist«, Michel Foucault, *Histoire de la sexualité, 1: La volonté de savoir*, Paris 1976; dt.: *Sexualität und Wahrheit. Erster Band. Der Wille zum Wissen*, übers. von Ulrich Raulff und Walter Seitter, Frankfurt am Main 1977, S. 76.

13 Harold Jenkins, Einführung zu *Hamlet*, The Arden Shakespeare, New York 1982, S. 129.

14 Siehe Kenneth S. Rothwell, »*Hamlet*, Duplessis-Mornay, and the ›Irenic‹ Vision«, in: *Hamlet Studies* 3, 1981, S. 13–31.

15 Siehe Foucaults erschöpfende Analyse in »Die Theorie des Verbs«, in: ders., *Les mots et les choses*, Paris 1966, dt.: *Die Ordnung der Dinge. Eine Archäologie der Humanwissenschaften*, übers. von Ulrich Köppen, S. 131–136, mit einem interessanten Hinweis auf Hamlets Gebrauch des Verbs »sein«.

16 King, *Hamlet's Search for Meaning*, op. cit., S. 14.

17 Marcus Aurelius, *Wege zu sich selbst* (2.17), übers. von Willy Theiler, Zürich 1951, S. 53.

18 Ibid., 8.47, S. 195.

19 Dieser Dualismus in Hamlets Charakter ist auch bei anderen Autoren nicht unbemerkt geblieben. Sir John Gielgud stellt fest, daß Hamlet »nur sehr schwer mit den heftigeren, lauteren Passagen der früheren Szenen in Einklang zu bringen ist«; Rosamond Gilder, *John Gielgud's Hamlet: A Record of Performance*, New York 1973, S. 52. John Rees spricht von dem »neuen Ton, in dem Hamlet nach der Friedhofszene mit Laertes spricht«; John Rees, *Shakespeare and the Story*, London 1978, S. 191. Maurice Charney bemerkt: »Vor der Seereise stand Hamlet still; jetzt bewegt er sich mit neugewonnener Sicherheit«; Maurice Charney, »Reading *Hamlet*: Text, Context, and Subtext«, in: *How to Read Shakespearean Tragedy*, hg. von Edward Quinn, New York 1978, S. 130. Eine brillante Analyse des Problems erschien schon vor langer Zeit in Johnsons »The Regeneration of Hamlet«, op. cit., wo es heißt, daß Hamlet sich vom »Studentenprinzen« zum »auserwählten Diener der Vorsehung« wandle. Der letzte Beitrag, ein gewichtiger Versuch, die Logik der Hamletschen Wandlung im Rahmen des modernen christlichen Existentialismus aufzuzeigen, findet sich in Kings *Hamlet's Search for Meaning*, op. cit.

20 Michel Foucault, *Histoire de la folie*, Paris 1961; dt.: *Wahnsinn und Gesellschaft. Eine Geschichte des Wahns im Zeitalter der Vernunft*, übers. von Ulrich Köppen, Frankfurt am Main 1973, S. 60.

21 Kings *Hamlet's Search for Meaning*, op. cit., ist eine unablässige Fahndung nach diesem künstlerischen Plan.

22 Zur Dokumentation dieser biographischen Fakten siehe Rothwell, »*Hamlet*«, Duplessis-Mornay«, op. cit. Aus dem Briefwechsel von Duplessis-Mornay geht z. B. hervor, daß er mit der Familie Sidney befreundet war, und die Memoiren seiner Frau geben Aufschluß über die Verbindungen, die im sechzehnten Jahrhundert zwischen dem englischen und dem französischen Protestantismus bestanden. Siehe *Mémoires et correspondances Duplessis-Mornay*, 11 Bde., hg. von A. D. de la Fontenelle de Vaudoré und P. R. Auguis, Paris 1842. Band 1 enthält die *Mémoires de Madame de Mornay.*

23 Aufschlüsse über das »irenische« Wesen verdanke ich Jeanne Harrie, »Duplessis-Mornay, Foix-Candale, and the Hermetic Religion of the World«, in: *Renaissance Quarterly* 31, 1978, S. 499–514.

24 Rothwell, »*Hamlet*, Duplessis-Mornay«, op. cit.

25 William Stearns Davis, *A History of France from the Earliest Times to the Treaty of Versailles*, Boston 1919, S. 120. Aufschlußreich ist auch der Überblick über die Reformation bei Will Durant, *The Story of Civilization*, Bd. 7, New York 1935; dt.: *Die Geschichte der Zivilisation*, Bd. 7, Bern/München 1963.

26 Jenkins, Einführung, op. cit.

27 Katherine Duncan-Jones, »Stoicism in *Measure for Measure*«, in: *Review of English Studies* 28, 1977, S. 441–446, erforscht die Verbindungen zwischen Duplessis-Mornays *Discours* und Herzog Vincentinos sowie Claudios (3.1) Monolog über den Tod; ihr Aufsatz erschien, nachdem ich meine Nachforschungen über den Einfluß Duplessis-Mornays bereits begonnen hatte.

28 Hardin Craig, »Hamlet's Book«, in: *Huntington Library Bulletin* 6, 1934, S. 17–34.

29 Die Zitate aus Duplessis-Mornays *Discours* übersetzt nach *Il »Discours de la vie et de la mort« di Philippe du Plessis-Mornay*, hg. von Mario Richter, Mailand 1964; die Zeilennummern im Text beziehen sich auf diese Ausgabe.

30 »Of the Trewness of Christian Religion«, in: *The Prose Works of Sir Philip Sidney*, Bd. 3, hg. von Albert Feuillerat, Cambridge 1962, S. 206.

31 Robert G. Hunter, *Shakespeare and the Mysteries of God's Judgements*, Athens 1976, S. 125. Hunter verweist auf die starken calvinistischen Kräfte in Hamlets Verhalten: »Dein Wille geschehe. Amen. *Ainsi-soit-il.* Nichts ist leichter gesagt und schwerer auch so zu meinen, und Hamlets Fähigkeit, es so zu meinen, ist für mich der letzte und in der Tat einzig mögliche Beweis für sein, wie ich es ungeschickt ausdrücken muß, ›Auserwähltsein‹.«

6 HUCK GUTMAN
Rousseaus *Bekenntnisse:* eine Selbsttechnik

»Lange Zeit hindurch war die beliebige, die gemeine Individualität unterhalb der Wahrnehmungs- und Beschreibungsschwelle geblieben.«

Foucault, *Überwachen und Strafen*

»Diese Aufschreibung der wirklichen Existenzen hat nichts mehr mit Heroisierung zu tun: sie fungiert als objektivierende Vergegenständlichung und subjektivierende Unterwerfung [...], das Heraufkommen einer neuen Spielart der Macht [...], in der jeder seine eigene Individualität als Stand zugewiesen erhält, in der er auf die ihn charakterisierenden Eigenschaften, Maße, Abstände und ›Noten‹ festgelegt wird, die aus ihm einen ›Fall‹ machen.«

Foucault, *Überwachen und Strafen*

»Es ist eine unglückliche, aber nicht mehr zu ändernde Erfahrung, die Entdeckung, daß wir existieren. Diese Entdeckung bezeichnen wir als den *Sündenfall des Menschen.* [...] Das Leben wird in Bilder gefaßt, aber es läßt sich nicht teilen oder verdoppeln. Jeder Versuch, in seine Einheit einzudringen, müßte Chaos bedeuten.«

Ralph Waldo Emerson, *»Experience«*

Immanuel Kant war ein Mann von äußerst geordneten Gewohnheiten. Jeden Nachmittag unternahm er einen Spaziergang durch die Straßen von Königsberg. Der Weg war stets derselbe, und Kant war so pünktlich, daß die Anwohner, wie man sagt, die Uhr nach seinem Erscheinen in ihrer Straße stellen konnten. Nur zweimal durchbrach Kant diese Gewohnheit: das eine Mal an dem Tag, als er vom Sturm auf die Bastille erfuhr, von dem Ereignis also, das die Französische Revolution einleitete; das andere Mal für zwei oder drei Tage, während der er Rousseaus *Emile* las.

Wir wissen zwar, daß Kant Rousseau für den bemerkenswertesten Kopf seiner Zeit hielt, doch wir können nicht mit Sicherheit sagen, weshalb er seine unverbrüchliche Gewohnheit unterbrach, um den *Emile* zu lesen. Der Grund ist indessen nicht schwer zu verstehen, denn Rousseau scheint eine tiefgreifende Wirkung auf nahezu jedermann ausgeübt zu haben. Wie Kant erblickten viele Menschen in Rousseau den Vorboten gewaltiger Möglichkeiten menschlicher Entfaltung und menschlicher Freiheit. Das galt natürlich nicht von allen. Viele beschimpften ihn, und tatsächlich waren es so viele, daß man sagen könnte, niemand war in Europa so verhaßt wie er, und zwar von Anbeginn, bis jene ganz anders geartete Person auf der historischen Bildfläche erschien: Adolf Hitler. Doch Rousseau war weder ein blutrünstiger Diktator, noch versprach er die Befreiung von Existenzängsten durch die Hingabe an ein Ideal rassischer Reinheit. Rousseaus gewaltige Anziehungskraft – ebenso wie die vehemente Ablehnung, auf die er stieß – gründet in seiner Empfindsamkeit, im Charakter seiner Wahrnehmungsfähigkeit.

Was Kant – den Philosophen, der die Wahrheit an die Form der Wahrnehmung band – für Rousseau einnahm, liegt wohl auf der Hand. Rousseau enthüllt und feiert das atomistische, autonome Ich: Er war vielleicht der erste Mensch, der auf seine Einzigartigkeit pochte. »Mein Geist will zu seiner Stunde arbeiten, er kann sich nicht in die eines anderen finden.«[1] Von seiner Erfahrung sagt er, »daß diese für andere nichts beweise« (S. 65). Er zerschlägt das große Paradigma von Mikro- und Makrokosmos. Wenn seine Lebensgeschichte Bedeutung für den Leser hat, dann nicht deshalb, weil wir alle Spiegelbilder von Rousseau wären, sondern weil jeder von uns einzigartig ist, weil jeder von uns eine Person mit einer individuellen Geschichte und idiosynkratischen Wahrnehmungen ist. Tatsächlich ist Rousseau selbst der Ansicht, daß seine Bedeutung nicht in seiner Ähnlichkeit mit anderen liege, sondern in seiner »ausschweifenden Empfindsamkeit« (S. 245).

Kant hat wohl auch auf eine völlig neuartige Auffassung des Selbst reagiert, die Rousseaus Lebensbeschreibung prägt, eine Auffassung, für die das Gefühlsleben die Grundlage der Individualität ist. »Ich fühlte, ehe ich dachte« (S. 12), schreibt Rousseau gleich zu Beginn seiner Autobiographie und betont damit in einem kurzen Satz sowohl den Primat des Gefühls, der seine einzigartige Empfindsamkeit kennzeichnen sollte, als auch die vorbewußte Erkenntnis, daß das Selbst erst im Laufe der Zeit zu dem wird, was es ist.[2] In einer berühmten Passage, in der er den Ursprung der körperlichen Gebrechen erläutert, die ihn in der zweiten Hälfte seines Lebens plagten, spricht er von einem Dasein, das von Gefühlen beherrscht wird:

> »Der Degen nutzt die Scheide ab, sagt man manchmal. Das ist meine Geschichte. Meine Leidenschaften gaben mir Leben, und meine Leidenschaften töteten mich. Welche Leidenschaften? wird man fragen. Nichtigkeiten, die kindischsten Sachen von der Welt, die mich aber angriffen, als hätte es sich um den Besitz der Helena oder den Thron der Welt gehandelt.« (S. 217)

Obgleich diese Wertschätzung des Gefühls ihre Wurzeln in der Reformation mit ihrer Hervorhebung des Individuums als höchster hermeneutischer Autorität hat, rückt doch erst mit Rousseau eine genuin moderne Gemütslage, die wir als Romantik bezeichnen, offen ins Blickfeld. Rousseau war der erste Romantiker.

Es besteht ein klarer Zusammenhang zwischen den beiden Aspekten der Rousseauschen Sensibilität – der Tatsache, daß hier Individualität, ein klar umrissenes *Selbst*, über die Schwelle der Sichtbarkeit tritt, und der Wertschätzung des Gefühlslebens –, denn beide stehen in einem Verhältnis gegenseitiger Definition. Als Rousseau über die Tätigkeit nachdenkt, der er sich gerade widmet, nämlich der Niederschrift seiner Lebensgeschichte, sagt er:

> »Ich habe nur einen treuen Führer, auf den ich zählen kann, das ist die Kette der Gefühle, die die Entwicklung meines Daseins begleitet haben, und durch sie die der Ereignisse, die ihre Ursache oder Wirkung gewesen sind. Ich vergesse leicht mein Unglück [was in Wirklichkeit durchaus nicht der Fall ist], aber ich kann meine Fehler nicht vergessen, und noch weniger vergesse ich meine guten Gefühle. Ihre Erinnerung ist mir zu teuer, als daß sie je aus meinem Herzen schwinden könnte. Ich kann Lücken in den Tatsachen lassen, sie verschieben, mich in den Daten irren, aber ich kann mich nicht über das täuschen, was ich gefühlt habe, noch über das, was mich meine Gefühle haben tun lassen. Und darum handelt sich's in der Hauptsache. Der eigentliche Gegenstand meiner Bekenntnisse ist der, mein Inneres in allen Lagen meines Lebens genau erkennen zu lassen. Die Geschichte meiner Seele habe ich versprochen; und um sie treu zu schreiben, brauche ich keine andern Erinnerungen. Es genügt mir, wie ich bisher getan, in mein Inneres einzukehren.« (S. 274)

Rousseau »bekennt«, daß er ist, wer er ist – ein individuiertes Selbst, das er »Jean-Jacques« nennt –, weil er eine Folge von Gefühlen erlebt hat, die seinen Interaktionen mit der Welt vorausgegangen sind, mit ihnen verwoben waren und darin entsprungen sind. Wie wir noch sehen werden, ist es durchaus kein Zufall, daß die Entstehung dieser Gefühle – ebenso wie des individuierten Selbst – mit der Tätigkeit des Schreibens verbunden ist und von ihr abhängt.

Wollen wir verstehen, was Rousseau in seinen *Bekennt-*

nissen getan und was er nicht getan hat, müssen wir auf Augustinus, den Bischof von Hippo, zurückblicken. Im Jahre 397 schrieb der heilige Augustinus seine *Bekenntnisse* nieder, ein Werk, das wir eine spirituelle Autobiographie nennen könnten. Augustinus breitet vor seinen Lesern die Chronik seiner spirituellen Wandlungen aus, aus denen schließlich die Hinwendung zur Kirche und zum Dienst an Gott folgte. Es ist jedoch in zweifacher Hinsicht irreführend, dieses Vorhaben als spirituelle Autobiographie zu bezeichnen. Erstens beschäftigt Augustinus sich nicht in erster Linie mit *seinem* Geist; zweitens erzählt er zwar Episoden aus seinem Leben, die für sein Ziel bedeutsam sind, aber sein Ziel ist es nicht, die Geschichte seines Lebens zu erzählen. Augustinus nimmt seine eigene Erfahrung als *exemplum* für den Ruhm Gottes und das Wirken des Heiligen Geistes. Es ist zwar richtig, daß Augustinus von speziellen Erfahrungen berichtet, etwa als er einmal Pfirsiche von einem Baum stahl, oder von seinem starken sinnlichen Verlangen nach dem Wissen über Frauen, aber er berichtet diese Episoden nur, um aufzuzeigen, daß sogar der Nichtswürdige auf die Gnade Gottes hoffen darf, der selbst einer so haltlosen Kreatur gnädig verzeiht, wie es Augustinus in seiner ausschweifenden Lebensführung einmal gewesen ist. Der moderne Leser der Augustinischen *Bekenntnisse* ist erstaunt, wie wenig dieses Werk von Augustinus und wie viel es vom Wirken Gottes handelt. Diese Schrift ist zwar von immenser Bedeutung für die Geschichte des Hervortretens eines sichtbaren Selbst; doch ihre Bedeutung beruht auf der Tatsache, daß hier individuelle Erfahrungen und persönliche Scham als Beispiel für die Fähigkeit Gottes beschrieben werden, den Sünder aus seinem verderbten Dasein zu erretten. Daß Augustinus sein Leben, sein Tun und sein Fühlen aufzeichnete, damit seine Leser (und er selbst) sie betrachten konnten, hatte einerseits eine Signalbedeutung für die westliche Tradition; andererseits findet sich in den *Bekenntnissen* keine einzige Stelle, an der

Augustinus sich selbst oder seine Autonomie feierte. Die Selbstenthüllung, die Augustinus hier zögernd darbietet, ist lediglich das Mittel zu einem höheren Zweck, und dieser Zweck ist die Verherrlichung der Güte und der Gnade Gottes.

Wie anders die *Bekenntnisse* von Rousseau! Der Zweck ist nicht religiöser, sondern weltlicher Art. Es geht nicht um die Verherrlichung Gottes, und es geht auch nicht darum, die Hingabe an ihn als den rechten Weg für den Menschen darzustellen. Rousseau verfolgt zwei Ziele: Er möchte sich selbst von seiner Scham entlasten, sich in seiner Schwäche offenbaren (»mit größter Genauigkeit bemüht man sich zu sagen, was zu sagen am schwersten ist«, wie Foucault es ausdrückt[3]), und er möchte ein »Selbst« schaffen, mittels dessen er sich vor sich selber, vor den anderen und im Angesicht einer feindlichen sozialen Ordnung zu definieren vermag. Eben dieses definierte Selbst hat Michel Foucault in *Überwachen und Strafen* und in *Sexualität und Wahrheit* sorgfältig und beredt als ein geschichtliches Fabrikat ausgewiesen, als ein »ungeheures Werk [...]: die Subjektivierung der Menschen, das heißt ihre Konstituierung als Untertanen/Subjekte«.[4] Meine These ist: Wenn es tatsächlich ein »ungeheures Werk« gewesen ist, den Menschen zum Subjekt zu machen (zu einem individuierten Selbst und einer abgegrenzten Person innerhalb der sozialen Ordnung), und zwar, um ihn vollständig und unentrinnbar der Durchdringung und Bearbeitung durch die Macht auszuliefern – und ich denke, Foucault hat überzeugend dargelegt, daß eben dies zutrifft –, dann haben Rousseaus Psyche und insbesondere seine *Bekenntnisse* eine unerläßliche *technē* für die Ausführung dieses Werkes bereitgestellt.

Lesen wir, was Foucault zur modernen Bedeutung des Geständnisses und zu der Revolution, die Rousseau in dessen Anwendung auslöste, angemerkt hat:

»Im Abendland ist der Mensch ein Geständnistier geworden. Von daher rührt zweifellos ein Formwandel in der

> Literatur: von einer Lust am Erzählen und Zuhören, die sich am heroischen oder wunderbaren Bericht von ›Proben‹ der Tapferkeit oder der Heiligkeit entzündet hatte, ist man übergegangen zu einer Literatur, die sich der unendlichen Aufgabe annimmt, aus dem Grunde unserer selbst eine Wahrheit zwischen den Worten aufsteigen zu lassen, die schon die bloße Form des Geständnisses als unerreichbar vorspiegelt. [...] Nun ist das Geständnis ein Diskursritual, in dem das sprechende Subjekt mit dem Objekt der Aussage zusammenfällt.«[5]

Für Augustinus steht das Selbst als *exemplum* im Dienste des Diskurses. Für Rousseau ist es dessen Subjekt. Sein Vorsatz ist nicht, Gott zu verherrlichen, sondern vor dem Leser die *ganze* Wahrheit über sich selbst preiszugeben. »Ich habe nicht versprochen, dem Leser eine große Persönlichkeit vorzuführen, sondern mich selbst, wie ich bin, zu zeichnen. [...] Ich möchte es fertigbringen, meine Seele gewissermaßen durchsichtig für den Leser zu machen [...], zu erreichen, daß nichts darin vorgeht, was er nicht bemerkt, damit er von sich selbst aus über die wirkenden Grundursachen urteilen kann« (S. 174 f.).

Gleich zu Beginn seiner *Bekenntnisse* wendet Rousseau sich an seine potentiellen Leser:

> »Ich beginne ein Unternehmen, das ohne Beispiel ist und das niemand nachahmen wird. Ich will meinesgleichen einen Menschen in der ganzen Naturwahrheit zeigen, und dieser Mensch werde ich sein.
>
> Ich allein. Ich lese in meinem Herzen und kenne die Menschen. [...]
>
> Ewiges Wesen, versammle um mich die unzählbare Schar meiner Mitmenschen; sie sollen meine Bekenntnisse hören ...« [S. 9]

Seine Methode wird die Offenheit sein; er beschloß, »daraus ein durch beispiellose Wahrheit einzigartiges Werk zu machen, damit man wenigstens einmal einen Menschen so sehen könnte, wie er im Innern war« (S. 509). Der Hebel, der ihn sein Leben in Worte fassen und die Worte niederschreiben machte, so daß sie dem Blick des Publikums ausgesetzt wären, besaß einen doppelten Auflagepunkt. Der erste sind Rousseaus Gewissensbisse (darin dürfte eine Parallele zu Augustinus liegen). Als er von einer Lüge anläßlich des Diebstahls eines Bandes berichtet, von einer Lüge, mit der er den Verdacht auf eine unschuldige Mitbedienstete lenkte, bemerkt Rousseau: »Ich nahm aus ihm die lange währende Erinnerung an das Verbrechen mit und die unerträgliche Last der Gewissensbisse« (S. 86). Einzig das Geständnis vermag da Erleichterung zu gewähren. »Diese Last liegt also bis heute ohne Erleichterung auf meinem Gewissen, und ich kann sagen, daß der Wunsch, sie einigermaßen von mir zu wälzen, viel zu dem Entschluß beigetragen hat, meine Bekenntnisse zu schreiben« (S. 88). Ja, der Akt des Schreibens, der Selbstenthüllung[6], gewährt nicht nur Erleichterung, sondern auch Befriedigung. »So waren die Irrtümer und Fehler meiner Jugend«, schreibt er. »Ich habe ihre Geschichte mit einer Treue erzählt, mit der mein Herz zufrieden ist« (S. 269). Angesichts der Schuld, der Scham und der Gewissensbisse, die ihn quälen, und angesichts der Tatsache, daß er eine weltliche Form der religiösen Beichte entdeckt hatte, die ihm Entlastung von solchen selbstzerstörerischen Gefühlen verschaffte, verwundert es nicht, wenn Rousseau bekennt: »ein unaufhörliches Bedürfnis, mich auszusprechen, läßt mich jeden Augenblick das Herz auf den Lippen tragen« und drängt ihn, sich rückhaltlos zu offenbaren (S. 157).

Das zweite Stützlager für Rousseaus Bekenntnisdrang tritt in den späteren, düsteren Teilen der *Bekenntnisse* deutlich hervor. Von seinen Freunden im Stich gelassen und, wie es scheint, von einem ganzen Kontinent geschmäht, bekennt Rousseau nun, um sein Leben zu rechtfertigen. Durch das Schreiben konstituiert er sein Selbst, wie er es zu sein meint.

Und er setzt dieses Selbst als Alternative dem Blick eines Publikums aus, das lediglich einen Rousseau zu sehen vermochte, der asozial, egoistisch, unmoralisch und gefährlich war. Um sich vor der großen Verschwörung zu schützen, die ihn allenthalben in den Schmutz zu ziehen trachtete, muß Rousseau sich selbst als Figur erschaffen, die eine Geschichte hat. Er muß alles aufdecken, muß sich ganz und gar vor dem Publikum entblößen. Er muß jeden Aspekt und jegliche Aktivität seines Lebens beleuchten, selbst die

> »unbedeutenden Einzelheiten. [...] Da ich es aber unternommen habe, mich dem Publikum *ganz so wie ich bin zu zeigen*, so darf ihm nichts von mir dunkel oder verborgen bleiben. *Ich muß mich ihm ständig vor Augen stellen*, es muß mir auf allen Irrwegen meines Herzens, in alle Winkel meines Lebens folgen, *es darf mich nicht einen Augenblick aus dem Gesicht verlieren*, damit es in meiner Erzählung nicht die kleinste Lücke, nicht die mindeste Unterbrechung finde und, indem es mich fragt: ›Was hat er während dieser Zeit getan?‹, *mich beschuldige*, daß ich nicht alles hätte sagen wollen.« (S. 62, Hervorhebungen von mir.)

Wir sehen also, daß Rousseaus Bekenntnis sich als Reaktion auf eine soziale Anklage entwickelt, daß es in einer uneingeschränkten Selbstentblößung besteht und daß die Enthüllungen einem äußeren (urteilenden) Blick unterworfen werden müssen. Dieser Prozeß der Selbstentblößung bestimmt Form und Struktur der *Bekenntnisse*. Die Zeit und auch Rousseau berufen sich auf das Dreigestirn aus Reue, fremdem Blick und dem Bedürfnis nach vollkommener Selbstoffenbarung.

> »Ich hatte auch in der Bürgerschaft einige Schülerinnen und unter anderen eine, die die unmittelbare Verursachung einer Veränderung wurde, von der ich zu sprechen habe, da ich doch alles sagen muß.« (S. 190)

> »Der große Zweck meines Unternehmens [...], die unumgängliche Pflicht, es in seinem ganzen Umfang auszuführen [...]. Um mich richtig zu kennen, muß man mich in all meinen Beziehungen, guten und schlechten, kennen.« (S. 395)

> »Wird sie [meine Denkschrift] je veröffentlicht, so wird man darin meine Gründe finden und darin, hoffe ich, die Seele Jean-Jacques' erkennen, die meine Zeitgenossen so wenig haben kennen wollen.« [S. 623 f.]

Zu dieser wichtigen Verschiebung im Bewußtsein ist es während der Jahrhunderte gekommen, die Rousseau von Augustinus trennen. Michel Foucault hat sie in seinem Beitrag zu diesem Band angedeutet. Nirgendwo tritt das neuartige Bewußtsein so deutlich hervor wie in dem Gefühl des Getrenntseins, das Rousseaus Welt strukturiert. Wenn wir seine Sensibilität, seine Wertschätzung des Selbst und des Gefühls verstehen wollen, müssen wir diese Teilungen und Trennungen untersuchen.

Soll ein Mensch sich als Subjekt konstituieren, so muß er sich von der Totalität der Welt oder des Gesellschaftskörpers ablösen. Soll ein »Ich« entstehen, so muß eine Unterscheidung zwischen »Ich« und »Nichtich« erfolgen. Die Grenzen des Selbst sind jene Linien, die es von allem, was es nicht ist, was außerhalb seiner liegt, unterscheiden. Der erste und wichtigste Schritt bei der Konstituierung des Selbst ist die Abgrenzung und Teilung.[7] Und vor allem solche Teilungen entdecken wir bei Rousseau. Die Teilung ist der zentrale Zug in den zahllosen Analysen, die er zur Erklärung seiner Entwicklung anstellt. Rousseau trennt und teilt, und dann sieht er Gegensätze zwischen Kopf und Herz, Vernunft und Gefühl, Natur und Gesellschaft, Selbst und Gesellschaft, Stadt und Land, Selbst und Natur. Eben dieser Akt des Teilens und Trennens erzeugt die beiden Elemente seiner Sensibilität. Rousseaus Zeitalter hatte bereits den Kopf vom Rest des Körpers getrennt; immerhin spricht man vom Zeitalter der

Vernunft. Im Gefolge des vorausgegangenen Kults der Empfindsamkeit rebellierte Rousseau gegen die Überbewertung der Vernunft, indem er auf den Ansprüchen des Gefühls beharrte.[8]

Die Abtrennungsstrategie ist die Grundlage für Rousseaus Stärke. Indem er sich gegen die Welt abgrenzt, schafft er ein Selbst, konstituiert er sich als Subjekt der Erkenntnis und der Untersuchung. In den *Bekenntnissen* will er die Erfahrungen erkunden, die er gemacht hat, und aus diesen Erfahrungen heraus sucht er die Entwicklung und Grenzen seines Bewußtseins zu erschließen. Das moderne weltliche Geständnis, wie Rousseau es erfunden hat, umfaßt nicht nur das Einbekenntnis der Sünden, sondern auch die Aufdeckung jeder Erfahrung, die einen zu dem gemacht hat, was man ist.

Im Prozeß der Prüfung dieser Teilung von Selbst und Welt bringt Rousseau das romantische Paradigma hervor: das Nacherzählen der Geschichte des Selbst, das es diesem ermöglicht, sich schreibend zu erschaffen und dabei zugleich als dieses erschaffene Selbst zu bestätigen. »Ich bin nicht wie einer von denen geschaffen, die ich gesehen habe; ich wage sogar zu glauben, daß ich nicht wie einer der Lebenden gebildet bin« (S. 9).

Das Selbst, das Rousseau auf diese Weise hervorbringt, erlangt derart substantiellen Charakter, daß er es für einen äußeren Gegenstand nehmen kann, der sich analysieren läßt, als eine Sache, die unabhängig von seinem Bewußtsein existiert. Ich beziehe mich hier auf Rousseaus merkwürdiges Buch *Rousseau, juge de Jean-Jacques*[9], einen Dialog – Foucault nennt ihn die »Anti-Bekenntnisse« –, in dem ein namenloser Franzose als Repräsentant des öffentlichen Blicks Jean-Jacques einem Verhör unterzieht. Rousseaus »Selbst« ist zum Objekt, zum Gegenstand der Nachforschung (des Verhörs) geworden. In diesen Gesprächen besteht ein eindeutiger Zusammenhang zwischen den beiden Formen des *sujet/subject*-Seins (ein *sujet/subject* als Gegenstand, der erörtert wird; ein *sujet/subject* im politischen Sinne von Untertan) und einer dritten Form, in der das Selbst erkennt, daß es eine eigentümliche Subjektivität besitzt.

Nirgendwo tritt das Selbst, das Rousseau mit seiner Teilungsstrategie geschaffen hat, ein Selbst, das von der natürlichen Welt und von der Gesellschaft geschieden ist, so deutlich zutage wie in den paranoiden Zügen, die seine späteren Werke kennzeichnen. Die große Verschwörung, auf die er in der zweiten Hälfte der *Bekenntnisse*, in *Rousseau richtet über Jean-Jacques* und in den *Träumereien eines einsamen Spaziergängers* immer wieder zu sprechen kommt, ist das strukturelle Ergebnis jenes Schrittes, den er tat, als er eine klare Scheidelinie zwischen sich und dem Rest der Welt zog.[10] Da Rousseau das Selbst vom Anderen trennt, kann es nicht erstaunen, wenn er feststellt, daß der Andere fremd und, im Grunde, unfreundlich ist.

Um diese Unfreundlichkeit besser zu verstehen, wollen wir Rousseaus Reaktion auf das Erscheinen eines Rivalen im Hause der Madame de Warens betrachten. Madame de Warens – »Mama«, wie Rousseau sie nannte – schenkte Rousseau das Zuhause, nach dem er sich so lange gesehnt hatte. Als Beschützerin, als seine Stütze und schließlich als Sexualpartnerin war Mama Rousseaus Bollwerk gegen die Welt. Als die seltsame Dreierbeziehung zwischen Madame de Warens, ihrem älteren Liebhaber Claude Anet und Rousseau, diese symbolische Familie, von der er möglicherweise zutreffend sagt: »So entspann sich zwischen uns dreien ein Verhältnis, wie es vielleicht ohne Beispiel auf der Erde ist« (S. 200 f.), durch Anets Tod und die zeitweilige Abwesenheit Rousseaus ihr Ende fand, da füllte ein Fremder, Vintzenreid, die Lücke, die von den beiden Männern – und insbesondere von Rousseau – hinterlassen worden war. Der junge Rivale übernahm Rousseaus Platz in Mamas Gefühlsleben und in ihrem Bett. Als Rousseau nach Les Charmettes zurückkehrt und auf die neue Konstellation trifft, beschreibt er seine mißliche Lage: »Unmerklich fühlte ich mich vereinsamt und allein in demselben Haus, dessen Seele ich vordem war und in dem ich sozusagen doppelt lebte« (S. 264).

Insofern als diese Worte nicht nur die besondere Situation im Hause der Madame de Warens anzeigen, verweisen sie auf ein weiteres konstitutives Element der Rousseauschen Sensibilität. »Ich fühlte mich vereinsamt und allein.« Da er das »Ich« vom »Nichtich« getrennt hat, erlebt das »Ich« sich losgelöst, vereinsamt und allein. Die Welt des Ganzen, die aufgespalten worden ist, damit ein neues Ganzes, ein individuiertes Selbst, entsteht, ist keine Totalität mehr. Begreifen wir diese Passage als symbolisch, so sehen wir, wie die tröstliche Zentralität des konstituierten Selbst der Isolation, der Einsamkeit weicht. Zwar ist der erste Lohn für die Konstituierung des Selbst als Subjekt ein Gefühl der Zentralität und des Wohlbehagens; aber die unvermeidliche Folge dieser auf Teilung beruhenden Konstituierung ist die Isolation. Das Selbst führt ein Doppelleben als Objekt und als Subjekt (Subjekt sein heißt, sich selbst als Objekt betrachten können); die Fülle des Selbst erkennen heißt, der scheinbaren Armut der Welt begegnen, von der das Selbst sich abgesondert hat und aus deren Fülle es schöpft. Da kann es nicht überraschen, wenn Rousseau sagt, daß die innere Teilung »mich bis zum Ende in Widerspruch mit mir gesetzt« hat (S. 16).

Durch den Individuationsprozeß von der sozialen Welt abgespalten, erkennt Rousseau, daß eine »ausschweifende Empfindsamkeit« zu seiner wachsenden Paranoia beigetragen hat. »Ich war als ein Mensch, dessen Einbildungskraft leicht aufflammt, in der unerträglichsten Lage« (S. 487). Die Paranoia ist lediglich die Verlängerung jenes ersten Schritts, der das Selbst von der Welt trennt und es über das stellt, wovon es abgelöst worden ist. Rousseaus Einbildungskraft – Hauptagent der romantischen Empfindsamkeit – wird hier als Kraft anerkannt, die der Entstehung und Verstärkung seiner paranoiden Vorstellung einer gegen ihn gerichteten Verschwörung Vorschub leistet.

Doch die Rolle der Einbildungskraft – das Vermögen des individuellen Geistes, die Welt zu erschaffen und neu zu erschaffen – beschränkt sich nicht darauf, das Erlebnis der Welt als etwas Fremdem und Gefährlichem zu verschärfen. Vielmehr spielt die Einbildungskraft in Rousseaus Sensibilität eine dialektische Rolle: Während sie das Gefühl der Feindseligkeit erhöht, erweist sie sich zugleich als Bastion gegen diese Feindseligkeit. Die Einbildungskraft übertreibt zwar die Isolation und Entfremdung des einsamen Bewußtseins, das sich von der Welt losgelöst hat; aber sie domestiziert auch eine neue (vorgestellte) Welt, und aufgrund der imaginativen Kraft der Neuschöpfung vermag das unglückliche Bewußtsein wiederzuerlangen, was es verloren hat, so daß es sich in der Welt wieder heimisch fühlen kann.

Zu Beginn der *Bekenntnisse* berichtet Rousseau von seinen Erfahrungen als Handwerkslehrling. Da man ihm keinerlei Autonomie zugestand und ihm das Gefühl verwehrte, in der kleinen Welt, in der er lebte, zu Hause zu sein, litt er unter Entbehrungen, und Entbehrungen führen zu dem Versuch, sich auf Wegen Befriedigung zu verschaffen, die man »deviant« nennen könnte. Da er alles entbehren mußte, berichtet Rousseau dem Leser, lernte er, »im geheimen Gelüste zu haben, meine Gesinnung zu verbergen, zu heucheln, zu lügen und endlich zu stehlen« (S. 36). Diese Struktur – Entbehrungen, gefolgt von dem Versuch, sich das zu beschaffen, was er entbehren muß – liegt auch den späteren, tiefergreifenden Entwicklungen in Rousseaus Einstellung zur Welt zugrunde.

Rousseau wendet sich der Phantasie zu, weil die Phantasie ihm zu bieten vermag, was er zu entbehren glaubt. Kurz nach der oben zitierten Passage über das Stehlen spricht er von der »Zärtlichkeit«, mit der er an seinen »Luftgebilden« hing, »da ich um mich her nichts sah, das ihnen gleichgekommen wäre« (S. 45). Er schildert auch, wie er sich in die Lektüre von Büchern versenkte, und dies führt ihn schließlich zu der Bemerkung, »daß die eingebildete Lage, in die ich mich ganz versetzt hatte, *mich meine wirkliche Lage vergessen ließ*, mit der ich so unzufrieden war« (S. 44 f., Hervorhebung von mir). Sehr deutlich wird Rousseau im ersten Teil der *Bekenntnisse*:

> »Es ist seltsam, daß meine Einbildungskraft sich niemals wohliger emporschwingt, als wenn es mir am wenigsten wohl ergeht, und daß sie im Gegenteil weniger heiter ist, wenn alles um sie heiter lacht. Mein widerspenstiger Kopf [...] kann nicht verschönern, er will schaffen [...], und hundertmal habe ich gesagt, daß ich, in die Bastille gesetzt, dort das Gemälde der Freiheit entwerfen würde.« (S. 172)

Nirgendwo zeigt sich das Verhältnis zwischen Entbehrung und Phantasie klarer als in Rousseaus Darstellung der Schöpfung der *Neuen Heloise*:

> »Die Unmöglichkeit, wirklichen Wesen nahe zu kommen, warf mich in das Land der Schimären, und da ich nichts leben sah, das meines Rausches wert war, nährte ich ihn in einer idealen Welt, die meine schöpferische Einbildungskraft bald mit Wesen nach meinem Herzen bevölkert hatte. [...] Gänzlich das Menschengeschlecht vergessend, schuf ich mir Gesellschaften vollkommener Geschöpfe.« (S. 422)

So stark ist seine Phantasie, und so kraftvoll sind die Figuren, die er erschafft, daß Rousseau am Ende in den wirklichen Personen, denen er begegnet, die Verkörperungen der von ihm geschaffenen »Schimären« erblickt. Rousseau hat die *Neue Heloise* geschrieben, weil er in seinem Leben (wie er behauptet) keine befriedigende Liebe erlebt hat und weil ihm nie eine Frau begegnet ist, die gut genug gewesen wäre, solche Liebe in ihm hervorzurufen. Vergegenwärtigt man sich seinen Hang zur Phantasie – er sagt, Paris habe ihn nicht beeindruckt, als er zum erstenmal dorthin kam, »denn es ist für Menschen unmöglich und für die Natur selbst schwierig, meine Einbildungskraft an Reichtum zu überbieten« (S. 160) –, so kann es nicht verwundern, daß seine Phantasie nach der Erschaffung der »Schimäre« Julie die »wirkliche Welt« neu schuf. Seine Phantasie verwandelt die Wirklichkeit und erzeugt sie neu (Rousseau bezieht sich hier auf die große Leidenschaft seines Lebens, seine Liebe zu Madame d'Houdetot):

> »Sie kam, ich sah sie, ich war liebestrunken ohne Gegenstand; diese Trunkenheit bezauberte meinen Blick, ich sah diesen Gegenstand in ihr. Ich sah meine Julie in Frau d'Houdetot, aber bekleidet mit allen Vollkommenheiten, mit denen ich den Abgott meines Herzens geschmückt hatte.« (S. 434)

Die mangelhafte Realität wird in Phantasie transformiert, und die Phantasie wird dann der Realität aufgepflanzt, so daß sie sie verwandelt und schließlich selbst zur Realität wird.

Diese zweifache Verschiebung des Realen ins Phantasierte und des Phantasierten ins Reale wirft schwierige Fragen auf, die der Leser an die *Bekenntnisse* richten muß. Wenn die Phantasie die Wirklichkeit zunächst verdrängt und dann ersetzt, wie weit kann der Leser dann noch dem Glauben schenken, was Rousseau in seiner Autobiographie über sich selbst berichtet?[11] Bedenkt man, daß er sich vor den Entbehrungen und der Realität beständig in die Phantasie flüchtete, könnte es da nicht sein, daß die *Bekenntnisse* selbst eine Fiktion sind, die er schuf, um einen Ausgleich für die Entbehrungen zu finden und um die Zwänge der Realität abzuwehren? Ja, ist es nicht möglich, daß »Jean-Jacques Rousseau« nur eine Figur, sein Selbst eine »Schimäre«, seine Subjektivität eine Konstruktion sind?

Rousseau hilft dem Leser, diese Fragen mit Ja zu beantworten, indem er eigens auf den fiktiven Charakter seines

Berichts hinweist. Schon auf der ersten Seite der *Bekenntnisse* und nur vier Sätze nach der Ankündigung »Ich will meinesgleichen einen Menschen in der ganzen Naturwahrheit zeigen, und dieser Mensch werde ich sein« bemerkt er, daß es sich tatsächlich um ein Porträt handelt: »Ich habe als wahr das voraussetzen können, was, wie ich wußte, wahr sein konnte, nie das, was meines Wissens falsch war« (S. 9). Mit anderen Worten, das Selbst, das er uns vor Augen stellt, kann sehr wohl eine Erfindung sein. Wir können zwar sagen, das Selbst, das Rousseau über die Schwelle der Sichtbarkeit gehoben hat, entscheidet sich dafür, seine eigene Macht zur Schöpfung und Neuschöpfung zu feiern; aber mit gleichem Recht können wir sagen, die Sensibilität, die Zugang zu der Welt zu finden sucht, in der sie sich selbst entdeckt, entscheidet sich dafür, ein Selbst zu erfinden, um aus dieser Welt zu flüchten und sich vor ihr zu schützen. Rousseau, der auf die Komplexität des sozialen Lebens, auf die Realität menschlicher Bedrückung und die Grenzen menschlicher Möglichkeiten stößt, »erschafft« sich gleichsam selbst als Jean-Jacques, als ein Subjekt, das in seiner Subjektivität eine Alternative zu diesen realen Verhältnissen gewinnt.

Wir wollen auf Rousseaus Beschreibung seines Verhältnisses zu Madame d'Houdetot zurückkommen und das Objekt dieser Beschreibung von der Dame auf Rousseau selbst verschieben. Wenn wir die entsprechenden Ersetzungen vornehmen, liest die Passage sich folgendermaßen: »Jean-Jacques kam, ich sah mich selbst, ich war liebestrunken ohne Gegenstand; diese Trunkenheit bezauberte meinen Blick, ich sah diesen Gegenstand in mir selbst. Ich sah Rousseau in Jean-Jacques, aber bekleidet mit allen Vollkommenheiten, mit denen ich den Abgott meines Herzens geschmückt hatte.« Es ist in der Tat möglich, daß es sich bei der Feier des Selbst in den *Bekenntnissen* um eine Erzählung handelt, die in ihrer Struktur der Schöpfung der Julie ähnelt, und daß dessen Wirkung auf Rousseaus Alltag der Überlagerung der Madame d'Houdetot durch Julie gleicht. Es ist in der Tat möglich, daß nach der Aufteilung der Welt in Ich und Nichtich die Zelebrierung des Selbst lediglich ein weiteres Beispiel für Rousseaus Flucht aus der Realität in die Phantasie ist. Das Selbst wird dabei zum Fetisch, wird zum begehrten Objekt, das man ins Dasein wünscht.

Es gehört indessen zu den großen Ironien des Rousseauschen autobiographischen und bekennerischen Werkes, daß die zentrale Strategie, die Abspaltung des Ich vom Nichtich sowie die nachfolgende Erkundung und Zelebrierung des Ich, am Ende negiert wird. Rousseaus individuiertes Selbst erweist sich letztlich als unwirksam, die Deprivation, die damit verbunden ist, überwiegt schließlich die kompensatorische Befriedigung, die es bietet, und Rousseau gelangt dahin, die Grenzen eben jenes Selbst, das sein bekennerisches Werk gerade hervorbringen soll, wieder aufzuheben – zumindest verspürt er den Wunsch, diese Grenzen aufzuheben. Ich berufe mich hier auf eine bemerkenswerte Passage in seinem letztem Werk, den *Träumereien des einsamen Spaziergängers*[12]. Im »Fünften Spaziergang« gibt Rousseau das aktive Selbst auf, er verwischt die Grenzen zwischen Ich und Nichtich, so daß die Einheit wiedererstanden zu sein scheint, die der Aufspaltung der Erfahrung in Ich und Nichtich vorausging. Auf seinem Spaziergang meditiert er über seinen kurzen Aufenthalt auf der Insel Saint-Pierre, die im Bieler See in der Schweiz liegt. Wer die *Bekenntnisse* gelesen hat, der ist auf diese erstaunliche Meditation vorbereitet, denn dort hatte er bereits angedeutet, daß Erfahrung Kategorien und Teilungen transzendiere: »[...] das wahre Glück läßt sich nicht beschreiben, es wird empfunden, und das um so besser, je weniger es beschrieben werden kann, weil es sich nicht aus einer Reihe von Tatsachen ergibt, sondern ein bleibender Zustand ist« (S. 234). Tatsächlich widerspricht er in dieser Passage der Methode, die er bei seiner autobiographischen Arbeit anzuwenden behauptet – gemeint ist das Bemühen, jede Einzelheit seines Lebens zu beschreiben –, denn diesen Ausführungen zufolge ist das Leben mehr als die

Summe der Aussagen, die man darüber machen kann. Später setzt er den »bleibenden Zustand« mit dem asozialen, regellosen Treiben des jungen und des erwachsenen Mannes gleich, und zwar in einer Passage, in der er gleichfalls die Glücksgefühle darzustellen versucht, die er auf der Insel Saint-Pierre empfunden hat:

> »Die Muße, die ich liebe, ist nicht die eines Nichtstuers, der mit gekreuzten Armen in völliger Untätigkeit verharrt und nicht mehr denkt, als er handelt. Sie ist zugleich die eines Kindes, das ständig in Bewegung ist, um nichts zu tun, und die eines unschuldigen Schwätzers, der verworrenes Zeug redet, sobald seine Arme in Ruhe sind. [...] Ich beschäftige mich gern mit Nichtigkeiten [...], ich schlendere am liebsten den ganzen Tag ohne Plan und Ordnung umher und folge in allem nur der Laune des Augenblicks.« (S. 630)

Zehn Jahre, nachdem er dies in den *Bekenntnissen* geschrieben hatte, kam er auf dasselbe Thema zurück – sein Glück auf der Insel Saint-Pierre –, und zwar im »Fünften Spaziergang« der *Träumereien des einsamen Spaziergängers*:

> »Wenn der Abend nahte, so stieg ich von den Höhen der Insel herab und setzte mich dann gern in einem verborgenen Winkel auf das sandige Ufer des Sees; dort wurden meine Sinne durch das Gemurmel der Wellen und die Bewegung des Wassers gefesselt, die jede andre Bewegung aus meiner Seele vertrieben und sie in eine wonnige Träumerei versenkten, bei welcher mich oft die Nacht überraschte, ohne daß ich es gewahrte. Das Her- und Zurückfluten des Wassers, sein immerwährendes Geplätscher, das jedoch von Zeit zu Zeit anschwoll und unaufhörlich an mein Ohr drang und meinen Blick gefangenhielt, ersetzten die innere Bewegung, welche die Träumerei zum Schweigen brachte, und dies war hinreichend, um mich

mein Dasein mit Behagen empfinden zu lassen und um mich der Mühe des Denkens zu entheben. Dann und wann dachte ich flüchtig an die Unbeständigkeit der Dinge dieser Welt, deren Abbild mir die Oberfläche des Wassers darbot; aber diese leichten Eindrücke wurden bald ausgelöscht durch die fortdauernde Gleichförmigkeit der Bewegung, die mich wiegte und die mich ohne irgendeine tätige Mitwirkung meiner Seele so festhielt, daß es mich Überwindung kostete, mich zur festgesetzten Zeit und auf das verabredete Signal hin von diesem Orte loszureißen. [...]
Was genießt man in einem solchen Zustand? Nichts, was außerhalb von uns ist, nichts außer uns selbst und unser eigenes Dasein; solange dieser Zustand währt, ist man sich selbst genug, wie Gott. Die Empfindung unsrer Existenz, frei von jedem anderen Gefühl, ist an sich selbst schon eine kostbare Empfindung der Zufriedenheit und der Ruhe; sie allein wäre schon hinlänglich, demjenigen dieses Dasein wert und angenehm zu machen, der all die sinnlichen irdischen Eindrücke von sich fernzuhalten wüßte, die uns unaufhörlich davon ablenken und hienieden ihre Süßigkeit vergällen. Aber die meisten Menschen sind stets von Leidenschaften bewegt und kennen daher diesen Zustand kaum, und da sie ihn nur unvollkommen während weniger Augenblicke genossen haben, behalten sie nur eine dunkle und wirre Vorstellung davon, die sie den Reiz dieses Zustandes nicht erkennen läßt.«[13]

Hier stoßen wir auf eine erstaunliche Konvergenz. Das Selbst, das sich *vollständig* seinen Träumereien und Phantasien hingibt, löst sich auf; Selbst und Natur, Ich und Nichtich verschmelzen zu einer undifferenzierten, ungeteilten Einheit. Freud bezeichnete diesen Zustand, der in einer Vielzahl religiöser Erfahrungen anzutreffen ist, als »ozeanisches Gefühl« (ein Ausdruck, den Rousseau wohl als glücklich gewählt empfunden hätte), und er erkennt in diesem »ozeanischen Gefühl« den Wunsch des Ich, sich zu verlieren und eins mit dem Kosmos zu werden.[14] So ahnt Rousseau in den *Bekenntnissen* – und in den *Träumereien* entdeckt er –, daß die Schöpfung des Selbst, die Abspaltung des Selbst von der Welt, ein strategischer Zug ist, der letztlich kein Glück herzustellen vermag. Darin steckt eine tiefgründige Ironie: Der große Architekt des modernen Selbst muß am Ende erkennen, daß der Bau, den er errichtet hat, unbewohnbar ist. Die Einbildungskraft, in die das Selbst sich zum Schutz vor der Welt zurückzieht, schiebt schließlich das Selbst beiseite und vereinigt sich auf unvermittelte Weise mit der Totalität der Dinge.

Doch obwohl Rousseau nicht glücklich wurde mit dem Selbst, für dessen Schöpfung er so viel getan hatte, begreift der Leser der *Bekenntnisse*, daß deren gewaltige Bedeutung, die Aura des Neuen, die sie umgibt, etwas damit zu tun hat, daß hier die Genese jenes Subjekts aufgezeichnet wird, das bis dahin weitgehend verborgen war: »Lange Zeit hindurch war die beliebige, die gemeine Individualität unterhalb der Wahrnehmungs- und Beschreibungsschwelle geblieben.«[15] Rousseau hat einen großen Schritt zur Senkung dieser Schwelle getan: Er beschreibt sich selbst, seine Individualität. Er erfindet mehrere wichtige Techniken, mit denen sich das Selbst als Subjekt konstituieren läßt (oder in gewisser Weise arbeitet er sie aus und erweitert sie). Wir haben diese Techniken in den *Bekenntnissen* gesehen und auch die Rolle, die sie darin spielen:

1. Das Auftreten eines einzigartigen, individuierten Selbst als Subjekt der Beobachtung und Beschreibung.
2. Die Teilung der Erfahrung in Selbst und Andere, Ich und Nichtich, Individuum und Gesellschaft.
3. Das Auftreten des Selbst als Objekt des Blickes Anderer, eines Publikums; Foucault würde hier von einem unter Beobachtung stehenden Selbst sprechen.
4. Die Entwicklung der durch (weltliches) Bekenntnis geprägten Konstituierung des Selbst im Schreiben (mit der

Rousseauschen Betonung der Vollständigkeit und des Einschlusses aller Details).

5. Die Unzufriedenheit mit diesen Techniken und ihren Ergebnissen, die zur Wertschätzung der Phantasie führt und schließlich in der Aufhebung des Selbst, der Teilung, des Blicks und des Schreibens durch die Phantasie endet.

Die Bedeutung der ersten vier Techniken (auf die fünfte kommen wir zurück) läßt sich gar nicht hoch genug veranschlagen. Rousseau trägt zur Erfindung – zur Rechtfertigung und zur Verbreitung – dieser Techniken bei, die das moderne Subjekt begründen. Das sich herausbildende Selbst wird zu dem Ort, an dem, durch den und in dem die von Foucault definierte Technologie der Macht sich erfindet und sich entfaltet.[16] Wenn wir uns an die von ihm genannten drei Weisen der Konstituierung des *sujet/subject* sowohl als Objekt der Macht wie als sich selbst erkennendes Subjekt/Objekt der Macht halten[17], dann wird klar, daß alle drei in den *Bekenntnissen* eine Rolle spielen. Rousseau konstituiert das Selbst als Subjekt, indem er das sprechende Subjekt sprachlich objektiviert und es dem Blick des verständigen Lesers aussetzt. Er objektiviert das Subjekt vermittels der Teilung. Und er verfeinert eine Technik (das geschriebene Bekenntnis), durch die das Selbst dahin gelangt, sich als Subjekt und als Objekt zu erkennen.

Rousseau entwickelt eine Selbsttechnik, die zwar noch nicht ersichtlich von Macht durchdrungen ist, aber schon bald zu einem erstrangigen Agens der modernen Geschichte der Macht werden sollte. Er hebt das Selbst über die Schwelle der Sichtbarkeit, und er stellt Mittel bereit, durch die das Selbst zum Objekt gemacht werden kann.

Doch obwohl Rousseau unwillentlich zum Agenten der Entwicklung der Machttechnologie wurde, dürfen wir nicht vergessen, daß er auch ein wichtiger Auslöser einer neuen, machtvollen Opposition gegen die herrschende Macht war. So wie die Schöpfung und Zelebrierung des Selbst den Imperativ in sich enthielt, der zur Auflösung des Selbst führte, so führte die Schöpfung eines öffentlichen, der Mikrophysik der Macht unterworfenen Selbst zur Herausbildung einer Gegenkraft, die sich alsbald gegen jede herrschende Macht stellen sollte. In den *Bekenntnissen* begegnet uns allenthalben das Gefühl der Deprivation, das, wie ich dargelegt habe, aus eben jener Teilung resultiert, die das Selbst begründet. Da das Selbst zeitgleich mit Empfindungen des Mangels und des Verlustes entsteht, ist dieser Prozeß mit Verhältnissen verbunden, die zu akzeptieren das Selbst ablehnen muß.

Doch so wie Rousseaus Konstitution des Selbst ihre historischen Verzweigungen hatte, so wie die Wissensformen und Erkenntnistechniken, die er entwickelte, von der Macht durchdrungen wurden, so zeitigten auch seine Entbehrungen und seine Weigerung, solche Entbehrungen zu ertragen, politische und historische Wirkungen. Eben dieses Selbst, das durch Teilung, durch die Unterwerfung unter den Blick und das Urteil des Publikums hervorgebracht worden ist, erzeugt nicht nur seine eigene Unterjochung, sondern auch deren Gegenteil, das Verlangen nach Befreiung.

Der Geist Rousseaus war durchaus der Geist der Französischen Revolution. Es war Rousseau, der sagte: »Ich hatte gesehen, daß alles im letzten Grunde auf die Politik ankäme« (S. 399). Es war Rousseau, der über das Verhältnis von Wissen und Macht urteilte: Ich sah »bald nur mehr Irrtum und Narrheit in der Lehre unserer Denker und nur Unterdrükkung und Elend in unserer sozialen Ordnung« (S. 411). Und schließlich wurde eben jenes Selbst, das hervorzubringen Rousseau geholfen hatte, zum Träger des revolutionären Wunsches, die Gesellschaft so zu verändern, daß sie die Freiheit und Gleichheit aller Menschen, die alle mit einer eigentümlichen Individualität begabt sind, eröffnet und gewährleistet.

Anmerkungen

1 *Les confessions de Jean-Jacques Rousseau* wurden 1765 abgeschlossen und erschienen erstmals 1782 und 1789 in Genf; dt.: *Die Bekenntnisse*, übers. von Alfred Semerau, München o. J., S. 120; die Seitenangaben im Text beziehen sich auf die genannte deutsche Ausgabe.
2 Siehe Michel Foucault, *Les mots et les choses*, Paris 1966; dt.: *Die Ordnung der Dinge. Eine Archäologie der Humanwissenschaften*, übers. von Ulrich Köppen, Frankfurt am Main 1971. Wie Foucault zeigt, liegt das konstitutive Prinzip der Episteme des neunzehnten und frühen zwanzigsten Jahrhunderts in Zeitlichkeit und Verursachung. Rousseaus Betonung der eigenen Entwicklung bildet daher ein Schlüsselelement beim Übergang von der auf Mathesis oder räumlicher Anordnung basierenden Episteme der Aufklärung zu der kaum in Ansätzen zu erkennenden Episteme der späteren Zeit.
3 Michel Foucault, *Histoire de la sexualité, 1: La volonté de savoir*, Paris 1976; dt.: *Sexualität und Wahrheit. Erster Band. Der Wille zum Wissen*, übers. von Ulrich Raulff und Walter Seitter, Frankfurt am Main 1977, S. 76.
4 Ibid., S. 78.
5 Ibid., S. 77 und 79.
6 In diesem Zusammenhang läßt sich feststellen, daß Rousseaus frühe Sexualität sich in dem Wunsch äußerte, sich öffentlich zur Schau zu stellen. Wir können nur mutmaßen über die möglichen Zusammenhänge zwischen Rousseaus früher Sexualpraxis und seinem späteren Bedürfnis nach bekennender Selbstoffenbarung.
7 Siehe J. H. van den Berg, *Divided Existence and Complex Society*, Pittsburgh 1974. Van den Berg entfaltet seine Untersuchung im Kontext wissenschaftlicher Verfahren, die ihren Ursprung im achtzehnten Jahrhundert haben, und er ist der Auffassung, daß diese Verfahren letztlich konstitutiv für ein neues Selbstgefühl gewesen sind. Siehe auch sein Buch *Changing Nature of Man: Introduction to a Historical Psychology*, New York 1961. Van den Berg benutzt zwar eine phänomenologische Methode, die sich von Foucaults strukturalistischem Ansatz unterscheidet, doch sein Projekt zeigt zahlreiche Ähnlichkeiten mit Foucaults Untersuchung der Selbsttechniken.
8 Trotzdem war Rousseau selbst eine Gestalt der Aufklärung. Auch wenn er das Gefühlsleben in den *Bekenntnissen* betont, schätzt er die Klarheit des Denkens, die im Zeitalter der Vernunft so hoch

gepriesen wurde: »Das Gefühl, schneller als der Blitz, erfüllt meine Seele; aber anstatt mich zu erleuchten [wie es Denken und Vernunft tun], entflammt und blendet es mich. Ich fühle alles und sehe nichts« (S. 114).

9 Jean-Jacques Rousseau, *Rousseau, juge de Jean-Jacques*, Genf 1782; dt.: *Rousseau richtet über Jean-Jacques*, in ders., *Schriften*, hg. von Henning Ritter, Bd. 2, München 1978. Die Einführung zu der modernen, nun unter dem Titel *Dialogues* bekannten Ausgabe (Paris 1962) stammt von Michel Foucault. Darin betont Foucault sowohl die Schöpfung des romantischen Selbst durch Rousseau (»ein einheitliches und zugleich einzigartiges Muster«) als auch dessen nachfolgende Auflösung (das abgelöste Subjekt, das sich selbst überlagert ist, eine Lücke, die man nur aufgrund einer niemals erreichten Addition als präsent bezeichnen könnte: als erschiene er an einem fernen Fluchtpunkt, den der Leser nur durch eine bestimmte Konvergenz auszumachen vermag«), S. XV–XVI der Ausgabe von 1962.

10 Diese späteren Werke werden vielfach als nahezu paranoid bezeichnet. Paranoia, die Täuschung der Selbstreferenz, ist lediglich eine Übertreibung des Selbst als Richter über Ordnung, Wert und Bedeutung. Diese Auffassung des Selbst hat ihre Wurzeln in der Reformation, die das unmittelbare Verhältnis des Individuums zu Gott betonte, und erreichte einen Höhepunkt in der Romantik, als das Selbst sich an die Stelle Gottes als Richter über Ordnung, Wert und Bedeutung setzte. Paranoia erschiene dann als eine historisch definierte Störung, denn sie hängt von der Entwicklung des Selbstgefühls ab, das mit Rousseau und den Romantikern aufkam. Der paranoide Zug resultiert nicht aus einem falschen Selbstgefühl, sondern aus einer *übertriebenen* Vorstellung von der Bedeutung des romantischen Selbst.

11 Rousseau hat diese Fragen vorausgesehen. Schließlich spricht er selbst von der »Mühe«, die es ihn gekostet hat, das Selbst schreibend hervorzubringen: »Manche meiner Perioden habe ich mir fünf bis sechs Nächte wieder und wieder im Kopf herumgehen lassen, ehe sie so weit waren, daß ich sie zu Papier bringen konnte« (S. 115 f.). Und er warnt uns: »gezwungen, wider meinen Willen zu sprechen, bin ich noch genötigt, mich zu verbergen, Listen zu gebrauchen, mich zu Täuschungen herzugeben« (S. 274).

12 Jean-Jacques Rousseau, *Les rêveries du promeneur solitaire* (1776–1778), Genf 1782; dt.: *Die Träumereien des einsamen Spaziergängers*, München o. J.

13 Ibid., S. 609–702.

14 Sigmund Freud, *Das Unbehagen in der Kultur* (1930), in ders.,

Gesammelte Werke, Bd. XIV, Frankfurt am Main 1960, S. 421–506.

15 Michel Foucault, *Surveiller et punir*, Paris 1975; dt.: *Überwachen und Strafen. Die Geburt des Gefängnisses*, übers. von Walter Seitter, Frankfurt am Main 1976, S. 246.

16 Die von der Macht betriebene Durchdringung des Individuums gehört zu den zentralen Themen der späteren Arbeiten von Michel Foucault. In *Überwachen und Strafen* untersucht er, auf welche Weise Individuen dem Blick der anderen unterworfen worden sind. In *Sexualität und Wahrheit* geht er der Frage nach, welche Rolle das Geständnis bei der Konstitution des Subjekts gespielt hat. In dem von Colin Gordon herausgegebenen Sammelband *Power and Knowledge: Selected Interviews and Other Writings, 1972–1977*, New York 1980, verfolgt er den Gedanken, wonach »die Geschichte, die uns hervorbringt und bestimmt, eher die Form eines Krieges als die einer Sprache hat; es geht um Machtverhältnisse und nicht um die Beziehung zwischen Bedeutungen«.

17 In einem Vortrag auf einer Tagung über »Knowledge, Power, History: Interdisciplinary Approaches to the Works of Michel Foucault«, University of Southern California, 31. Oktober 1981, bemerkt Foucault, sein Ziel sei es, »eine Geschichte der verschiedenen Formen zu schaffen, in denen der Mensch zum Objekt gemacht worden ist«. Dieser historische Prozeß, so führt er weiter aus, nimmt drei Formen an: die Objektivierung des sprechenden Subjekts durch die Wissenschaften der Sprache, der Arbeit und des Lebens; die Objektivierung des Subjekts durch Teilungspraktiken; die Selbstobjektivierung, deren Wirken erkennbar wird, wenn man die historischen Kämpfe »gegen eine Technik, eine Form von Macht« untersucht, »die sich auf das alltägliche Leben bezieht, es [das individuelle Subjekt] an seine Identität bindet und ihm eine Wahrheit aufbürdet, die es selbst und andere erkennen müssen«, die es, kurz gesagt, zum Objekt der Macht und zum Objekt seiner selbst macht. Teile dieses Vortrags sind in den Aufsatz »The Subject and Power«, in: *Critical Inquiry* 8, 1982, S. 777–797, eingegangen.

7 PATRICK H. HUTTON
Foucault, Freud und die Technologien des Selbst

Michel Foucaults geistige Odyssee hat durchaus Ähnlichkeit mit der Geschichte der Gegenstände, die er analysiert hat. Beide nehmen gelegentlich unerwartete Wendungen. Foucaults historische Untersuchungen reichen von den Irrenhäusern bis hin zu Gefängnissen, Fragen der Sexualität und Techniken der Sorge um sich selbst. Dennoch zieht sich ein roter Faden durch diese historische Reise, die der Entstehung des menschlichen Geistes gilt, ein Thema, das dazu einlädt, einmal das Verhältnis zwischen Foucault und Sigmund Freud zu erörtern. Foucault hat sich zu Freuds Bedeutung für sein Werk nirgendwo eingehend geäußert; es finden sich dazu lediglich verstreute und meist indirekte Hinweise.[1] Dennoch ist Freuds Gegenwart in Foucaults Arbeiten deutlich zu spüren. Foucaults gesamtes schriftstellerisches Werk läßt sich als Apostroph zu Freud interpretieren. Beide nähern sich dem Geist auf entgegengesetzten Wegen. Während Freud eine Methode entwickelt hat, welche die innere Funktionsweise der Psyche zu erschließen trachtet, versucht Foucault zu zeigen, daß eben diese Methode eine alte Technik der Selbstbearbeitung aufnimmt, die den Geist über die Jahrhunderte von außen geformt hat. Unsere Vorstellung von der Psyche, behauptet Foucault, ist von Techniken bestimmt worden, die wir ersonnen haben, um die Seele zu zwingen, ein geheimes Wissen preiszugeben, das uns erkennen hilft, was wir in Wahrheit sind. Historisch gesehen ist die Psychoanalyse ein später Ausläufer dieser Unternehmung, der in einer langen, aber kräftigen Abstammungslinie von Techniken der Sorge um das Selbst wurzelt.

In seiner Abkehr von der herrschenden Deutung des Geistes in der westlichen Kultur des zwanzigsten Jahrhunderts trifft Foucault sich mit einer wachsenden Zahl von Historikern, die sich der historischen Psychologie aus nichtpsychoanalytischer Perspektive nähern. Seine Forschungen bezeugen zahlreiche Affinitäten zu den Schriften der Historiker kollektiver Mentalitäten, welche die Organisations- und Ausdrucksformen des psychischen Geschehens an soziale und kulturelle Kontexte gebunden sehen: an die materielle Umwelt, an gesellschaftliche Bräuche und sprachliche Muster. Zwar ist die Erzeugung einer Kultur ein Schöpfungsprozeß; aber sie ist zugleich ein präskriptiver Vorgang, insofern das Vokabular, dessen wir uns bedienen, und die Institutionen, durch die wir handeln, uns mit Mustern versorgen, die künftigen schöpferischen Entwürfen die Richtung vorgeben und Grenzen ziehen. Das heißt, die Entwicklung der Kultur impliziert kulturelle Beschränkungen, und die Repression, mit der Freuds psychoanalytische Theorie sich auseinandersetzt, resultiert ihrerseits aus strengen sozialen Anforderungen und hochgradig nuancierten psychologischen Kontrollmechanismen, wie sie für die komplexe Zivilisation des frühen zwanzigsten Jahrhunderts, in der er seine Theorie ausbildete, kennzeichnend waren.[2]

Freuds Theorie wird gewöhnlich im Lichte der medizinischen Fragestellungen des späten neunzehnten Jahrhunderts oder der Erkenntnisse der romantischen Philosophie vom Beginn des neunzehnten Jahrhunderts gelesen.[3] Freud wollte die Geheimnisse der menschlichen Seele, die zu entziffern bis dahin den Dichtern und den Theologen vorbehalten war, der wissenschaftlichen Vernunft zugänglich machen. Die Theorie der Psychoanalyse, die er zu diesem Zweck entwarf, beruht auf dem Modell einer dreigliedrigen Psyche, in der das Selbst (Ich) mit dem Verlangen unbewußter Triebe (Es) nach freiem Ausdruck und den Ansprüchen des Gewissens (Über-ich) auf deren Unterdrückung kämpft. Die Fähigkeit des Ich, seine Identität zu bewahren, ist abhängig von seiner Fähigkeit, diese konfligierenden Ansprüche zu sortieren und sodann zu entscheiden, welche akzeptiert und welche abgewehrt werden sollen. Die Unterdrückung der vom Es an das Ich gerichteten Triebwünsche kann sozial positive Auswirkungen haben, wenn die abgewiesene Triebenergie sublimiert und in schöpferische oder sozial nützliche Unternehmungen umgeleitet wird. Die Konflikte können aber auch zu Unentschlossenheit führen oder zum Zusammenbruch der Fähigkeit des Ich, seine Autorität zu behaupten. Abhilfe erblickt Freud in der Ermittlung der verborgenen Quellen des Konflikts; dadurch sollen die Bedingungen geklärt werden, unter denen das Ich seine Macht wiederzuerlangen vermag.[4]

Freuds Projekt bedeutet letztlich die Suche nach dem verlorenen Selbst, das sich nach seiner Ansicht in der allerdings weitgehend vergessenen Auseinandersetzung der Psyche mit frühen Erlebnissen bildet. Das Gefühl der Identität gründet in Verhaltensmustern, die sich ihrerseits den Reaktionen der Psyche auf bestimmte Erfahrungen, insbesondere auf Kindheitserfahrungen, verdanken. Die Art und Weise, wie die Psyche in der Vergangenheit Erfahrungen verarbeitet hat, bestimmt, wie sie in der Gegenwart mit Erfahrungen umgeht. Je früher die Erfahrung, desto tiefer ihr Einfluß. Das Selbstgefühl wird also durch machtvolle Erfahrungen in der Vergangenheit geprägt.[5] Das Problem besteht darin, daß es der Psyche niemals möglich ist, den Konflikt zwischen den Triebanforderungen des Es und den Verboten des Überich vollständig zu lösen. Deshalb darf der Mensch nicht hoffen, dauerhaftes Glück zu finden. Unglück läßt sich allenfalls lindern, denn die menschliche Natur ist durch Brüche geprägt, die nicht zu tilgen sind.[6] Obschon vom Ich vergessen oder verdrängt, bleiben die Probleme weiterhin virulent und beunruhigen das Unbewußte. Das Streben nach größerer Handlungsfreiheit in der Gegenwart zwingt das Ich, sich zu bemühen, die Macht über seine Vergangenheit wiederzuerlangen. Der Erfolg dieses Unterfangens hängt davon ab, ob es gelingt, die die Lebensgeschichte prägenden Erfahrungen sich wieder bewußt zu machen. Sich selbst erkennen heißt aber, verlorene Erinnerungen an schmerzvolle Erfahrungen oder ungelöste Konflikte der Vergessenheit des Unbewußten zu entreißen.[7]

Die Psychoanalyse ist die Methode, die Freud erfand, um das Unbewußte zu veranlassen, seine geheime Geschichte zu offenbaren, dem Bewußtsein jene unerfüllten Wünsche und fortschwelenden Krisen zu enthüllen, die das Handeln unbewußt steuern oder lähmen. Erst wenn dieses Wissen wieder dem Gedächtnis zugänglich ist, erlangt das Ich die Fähigkeit, die verdeckten Ursachen seiner Beeinträchtigungen zu verstehen, die verlorenen Dimensionen seiner Identität zurückzugewinnen und sich realistisch mit gegenwärtigen Problemen auseinanderzusetzen.[8]

Man kann die psychoanalytische Technik mit einer Kunst des Erinnerns vergleichen.[9] Sie bedient sich einer Vielzahl von Verfahren: der freien Assoziation von Gedanken, des Erzählens von Träumen, der Analyse von Witzen und sprachlichen Fehlleistungen.[10] Tatsächlich glaubte Freud, daß die Erinnerung an sämtliche Erfahrungen unseres Lebens, sofern keine organischen Hirnschäden vorliegen, sich aus dem Archiv des Unbewußten ins Gedächtnis heben lassen.[11] Allerdings gibt das Unbewußte seine Geheimnisse nur zögernd und oft chiffriert preis; deshalb spielt der Analytiker eine so wichtige Rolle. Die von der psychoanalytischen Technik aufgedeckten Erinnerungen sind keine durchsichtigen Darstellungen vergangener Erlebnisse; vielmehr entläßt das Unbewußte sie in Gestalt bruchstückhafter Bilder, die der Deutung bedürfen, wenn das Muster, aus dem sie stammen, verstanden werden soll. Manchmal bietet das Unbewußte harmlose Substitute oder Deckerinnerungen an, die ein bewußtes Wiedererkennen vergessener, verdrängter und schmerzlicher Erfahrungen verhindern sollen.[12] Der Analytiker hat die Aufgabe, die Bedeutung der wiedergewonnenen Erinnerungen zu entschlüsseln. Es bedarf indes großer Geschicklichkeit und erheblichen Scharfsinns, diese Erinnerungen korrekt zu deuten.[13] Die Psychoanalyse sucht die Zusammenhänge zwischen vergangenen und gegenwärtigen Erfahrungen wiederherzustellen; sie verhilft dem Ich zur Einsicht in die Schächte und Wendungen der eigenen Lebensgeschichte. Und diese Einsicht stärkt das Selbst.[14]

Obwohl Freud therapeutische Ziele verfolgt, läßt er uns mit dem Gefühl zurück, daß die Psyche in den Widersprüchen ihrer inneren Funktionsweise gefangen ist[15] – unser Schicksal wird von dem Drama unserer inneren Konflikte bestimmt. Foucault wählt das gegenteilige Erklärungsverfahren. Nicht die innere Funktionsweise der Psyche interessierte ihn ursprünglich, sondern der Aufbau und der Aufstieg jener Institutionen, die in den letzten dreihundert Jahren die Erforschung der Psyche vorangetrieben haben. Foucaults gesamtes frühes Werk konzentriert sich auf die Frage, in welcher Weise eine äußere Autorität die innere Struktur der Psyche formt. Die historische Studie zum Wahnsinn, die ihn bekannt machte: *Folie et déraison: Histoire de la folie à l'âge classique* (1961), weist nach, wie im achtzehnten Jahrhundert aus dem Bemühen von Irrenärzten, abweichendes Verhalten zu domestizieren, eine öffentliche Definition von Gesundheit und Krankheit hervorging.[16] In seinen nachfolgenden Schriften: *Naissance de la clinique* (1963)[17] und *Surveiller et punir. La naissance de la prison* (1975)[18], untersuchte er die Verzweigungen, in die diese Strategie sich differenzierte – Verhalten, das den öffentlichen Erwartungen zuwiderlief und als inakzeptabel galt, wurde in einer Reihe unterschiedlicher Institutionen »erfaßt« und kaserniert: in Irrenhäusern, Hospitälern, Gefängnissen und anderen Agenturen der Kontrolle. Foucault zeigte, daß das »Zeitalter der Vernunft« (der »Aufklärung«) sich weniger durch entschlossene Befreiung des Geistes auszeichnete als vielmehr durch den Versuch, menschliches Verhalten zu disziplinieren. Das Irrenhaus war Teil eines umfassenden institutionellen Apparats, der sich der Anwendung von Herrschaftstechniken verschrieb. In den Irrenhäusern wurde zunächst der Körper und dann die Psyche zum Gegenstand öffentlicher Inspektion gemacht. In den zunehmend nuancierteren Klassifikationen der Typen und Grenzen normalen Verhaltens setzte sich allmählich eine öffentliche Definition der Psyche durch. Foucaults frühes Werk handelt von »Polizei«-Funktionen im damaligen französischen Sinne des Wortes: von der Disziplinierung der menschlichen Bedürfnisse mittels öffentlicher und quasi-öffentlicher Agenturen.[19]

Foucaults Begriff von diesem Ordnungsprozeß ist der Schlüssel zu seinem Verständnis der Psyche als einer Abstraktion, die von der öffentlichen Macht erzeugt wurde, um eine gesellschaftlich erwünschte Auffassung vom Selbst zu legitimieren[20], und Foucault zeigt, wie diese Ordnungsmacht im Verlaufe der modernen Geschichte in Bereiche eingedrungen ist, die zuvor von ihr unberührt gewesen waren.[21] Sein Buch über den Wahnsinn erläutert, wie Verhaltensweisen, die im Mittelalter allenfalls als exzentrisch galten, im sechzehnten Jahrhundert als störend empfunden und im achtzehnten Jahrhundert dann stigmatisiert wurden.[22] Der Begriff der Gesundheit, sagt Foucault, ist eine historische Prägung – ein gesellschaftliches Ordnungsinstrument. Er diente dazu, Grenzen zwischen geregelten und ungeregelten Sphären menschlichen Tuns zu ziehen und eine Mentalität zu schaffen, die dieses Tun im Sinne binärer Gegensätze interpretiert: psychische Gesundheit oder Geisteskrankheit, physische Gesundheit oder Krankheit, rechtskonformes oder kriminelles Verhalten, legitime und illegitime Liebe.[23] Unterscheidungen dieser Art sind, so sagt Foucault, historische Schöpfungen. Erst als menschliches Verhalten zum Gegenstand öffentlicher Überprüfung wurde, mußten auch die Grenzen seiner Legitimität markiert werden.

Foucaults These über das wuchernde Netzwerk der Ordnungsmächte unterscheidet sich in gewisser Hinsicht von Freuds Repressionstheorie. Nach Freuds Interpretation des

Ordnungsprozesses liegt der Akzent auf dem Zwang, bei Foucault dagegen auf der Produktivität. Während bestimmte Tätigkeiten und Einstellungen durch den Ordnungsprozeß diskriminiert werden, erläutert Foucault, werden andere von ihm erzeugt, so daß die Formulierung von Regeln und die Rebellion gegen sie dialektisch in einer spiralförmigen Folge von Definitionen ihres wechselseitigen Verhältnisses miteinander verbunden sind.[24] Der Irre wird aufgefordert, sich von seiner Krankheit zu befreien, indem er sich aktiv um Heilung bemüht[25]; der Gefangene wird ermahnt, sich um seine Rehabilitierung zu bemühen.[26] Beide werden zu Akteuren in einem Ritual, das dazu bestimmt ist, die gesamtgesellschaftlichen Verhaltensnormen zu bestätigen. Dieser Prozeß skizziert, so sagt Foucault, eine positive Ökonomie. Ökonomie bedeutet hier die Produktion sprachlicher und institutioneller Formen, mittels derer die Menschen ihre Beziehungen definieren.[27] In diesem Sinne ist der Ordnungsprozeß der öffentliche Ausdruck der Konstruktion von Diskursmodi und Handlungsweisen, die das Bild von der menschlichen Natur bestimmen – die menschliche Natur ist keine verborgene Realität, die es durch Selbstanalyse aufzudecken gälte, sondern die Gesamtheit jener Formen, die öffentlich definieren, wer wir sind.[28] Daraus folgt für Foucault, daß es gar keine »menschliche Natur« gibt; es gibt lediglich sprachliche und institutionelle Artefakte, die jede neue Generation hinter sich läßt, wenn sie mit neuen Kategorien ihre Wahrnehmung der *conditio humana* erklärt. Da Foucault sich weniger mit der Bedeutung der alten Systeme für die vergangenen Generationen befaßt als mit deren Abfolge, vergleicht er seine Methode mit der eines Archäologen.[29]

Im übrigen sind die Klassifikationsformen, auf die sich die verschiedenen Zeitalter verständigen, eher von Machterwägungen als von solchen der Erkenntnis geleitet.[30] Während Foucault die unaufhaltsame Ausbreitung des Ordnungsprozesses nachzeichnet, stellt er uns die Instabilität der Argumente vor Augen, die zu dessen Rechtfertigung vorgetragen werden. Es besteht zwar eine Kontinuität in den sprachlichen und institutionellen Strukturen, die den Ordnungsprozeß vorantreiben sollen; aber die Begründungen, die man für ihn anbietet, wechseln abrupt mit der Zeit. So wurden die Argumente, mit denen man die Ausschließung abweichenden Verhaltens rechtfertigte, vom Mittelalter bis in unsere Zeit mehrfach revidiert, wobei das religiöse Vokabular zunächst durch eine juristische, dann durch eine medizinische und schließlich eine psychologische Terminologie ersetzt wurde.[31] Die Erklärungen mögen sich gewandelt haben, sagt Foucault, nicht jedoch der Prozeß der Erzeugung von Strukturen, mittels derer menschliches Verhalten diszipliniert werden soll. Irrer und Pfleger, Gefangener und Wärter, Delinquent und Sozialarbeiter sind Teilnehmer eines Spiels, dessen Regeln stets um Imperative der Ausschließung und der Kontrolle kreisen. Am Ende greift der Diskurs der Stigmatisierung über die Mauern des Irrenhauses hinaus, und die öffentliche Autorität sucht Normen zu installieren, die der gesamten Gesellschaft soziale Disziplin auferlegen sollen.[32]

Die These, wonach die Erklärungen für die von der öffentlichen Macht angewandten Ordnungstechniken deutliche Brüche aufweisen, ist zu einem wichtigen Kennzeichen der Methode geworden, die Foucault als Historiker einsetzt.[33] Während Geistesgeschichtler meist die Kontinuitäten in Austausch und Ausbreitung von Ideen hervorheben, pocht Foucault auf die dramatischen Zäsuren in den Leitgedanken der westlichen Zivilisation.[34] Die Kontinuität findet sich nach Foucault nicht in den Idealen selbst, sondern in den Strategien, mit denen diese Ideale verwirklicht werden sollen. In der Tat werden Ordnungstechniken manchmal aus einer früheren Zeit übernommen, dann aber in einem anderen Kontext im Namen eines ganz anderen Ideals angewendet. So trat zwar zwischen dem dreizehnten und dem achtzehnten Jahrhundert das Irrenhaus an die Stelle der Leprosorien, aber beide Institutionen dienten der Kasernierung jener Gruppe, die von den Menschen der betreffenden Zeit besonders gefürchtet wurde. Als man im frühen neunzehnten Jahrhundert die Kontrolle des Verhaltens in den Irrenhäusern immer weiter verfeinerte, spaltete man diese Einrichtung in eine Reihe spezialisierter Institutionen auf, deren jede man mit einer besonderen theoretischen Legitimation versah. Doch alle diese Institutionen sind Teil eines Ordnungsapparats, in dem die Aufgabe, widerspenstige Teile der Bevölkerung zu kontrollieren, größeres Gewicht hatte als die therapeutischen Ziele, die man für sie reklamierte.[35]

Für Foucault gründet der Ordnungsprozeß in dem Bedürfnis, Macht zu mobilisieren.[36] Darin zeigt sich der Einfluß, den Friedrich Nietzsche auf ihn ausgeübt hat. Wie Nietzsche, so glaubt auch Foucault, daß der Wunsch, unser Verhalten zu strukturieren, aus einem Willen zur Macht resultiert, der unabhängig von den Bedeutungen existiert, die wir zur Rechtfertigung oder Erklärung von Machtausübung aufbieten.[37] Tatsächlich lassen sowohl Nietzsche als auch Foucault die Bedeutungen beiseite, die dem menschlichen Handeln zugeschrieben werden, und gehen statt dessen den Verbindungen zwischen den Techniken nach, die zum Handeln eingesetzt werden.[38] Foucault folgt Nietzsche auch darin, daß er diese Verbindungen nicht historisch, sondern genealogisch faßt.[39] Der Genealoge zeichnet Muster geistiger Abstammung auf, die von der Gegenwart zurück in die Vergangenheit führen, wobei er nicht versucht, die formalen Anfänge aufzuspüren. In den theoretischen Erklärungen für Handlungsweisen erblickt Foucault lediglich Rationalisierungen. Daher zieht er, wie Nietzsche vor ihm, die Vorstellung in Zweifel, daß die Geschichte der westlichen Zivilisation durch geistige Kontinuität geprägt sei.[40] Kurz, Foucault betätigt sich als Zerstörer geistiger Systeme, deren Deutungsansprüche er als Täuschungen entlarvt.[41]

Foucaults These, wonach der Ordnungsprozeß in bislang ungeregelte Sphären menschlicher Erfahrung einzudringen versucht, ist das Bindeglied zwischen seiner frühen Arbeit über das Irrenhaus und seiner späteren Studie zur Sexualität.[42] Den Reflexionsstoff bildet die Demarkationslinie zwischen sexuellem Verhalten und der offenen Diskussion über das, was auf diesem Feld erlaubt ist. Dabei konzentriert er sich ganz auf den letztgenannten Topos, denn in seinen Augen war die bedeutendere Revolution der Moderne der explosive Diskurs über die Sexualität. Wie Wahnsinn und Kriminalität, sagt Foucault, ist der Sex ein Topos, der zum Gegenstand öffentlicher Prüfung gemacht und dabei in eine Diskussion eingebunden worden ist, die ihn in den Griff zu bekommen trachtet. Die sexuelle Revolution des zwanzigsten Jahrhunderts hat nach Foucaults Einschätzung weniger mit Permissivität zu tun als vielmehr mit einer erweiterten Diskussion über Sexualität. Diese Diskussion gibt vor, den Sex im Namen seiner Befreiung zu entmystifizieren; doch indem sie Techniken des Sexualverhaltens klassifiziert, übt sie auf subtile Weise Zwang aus.[43] Sie ist darauf aus, Sexualität zu disziplinieren, wobei sie öffentliche Codes für legitimes und illegitimes Sexualverhalten formuliert. Foucault zeigt, daß ein Diskurs, der sich ursprünglich auf heterosexuelles Verhalten bezog, sich im Laufe des neunzehnten Jahrhunderts erweiterte und ein breites Ensemble peripherer sexueller Themen erfaßte, darunter Selbstbefriedigung, Homosexualität, Geburtenkontrolle und Eugenik.[44] Bezeichnenderweise, so Foucault, ist die Disziplinierung der Sexualität weit stärker auf Techniken der Selbstkontrolle angewiesen, als dies beim Wahnsinn und bei der Kriminalität der Fall war. Folgerichtig verknüpft der erste Band der *Histoire de la sexualité* die Analyse von Techniken äußerer Kontrolle der Psyche mit der Analyse von Techniken der Selbstkontrolle.[45]

Diese Verknüpfung wirft die Frage auf, wie Foucault das Verhältnis zwischen Macht und Erkenntnis begreift. In seiner Auseinandersetzung mit dem Diskurs über die Sexualität sucht er nachzuweisen, daß die Einschärfung einer Disziplin der Selbstkontrolle auf dem Felde der Sexualität die Forderung nach Selbsterkenntnis nach sich zog. Beginnend mit den katholischen Beichtpraktiken im siebzehnten Jahrhundert und weiterführend dann in der Psychoanalyse im zwanzigsten Jahrhundert wurde die Aufgabe, das eigene Sexualverhalten zu prüfen, zunehmend als Mittel zu einem besseren Selbstverständnis aufgefaßt.[46] Trotz gewichtiger Unterschiede in den formulierten Zielsetzungen betonen die katholische Beichttechnik und die Freudsche psychoanalytische Technik gleichermaßen die Bedeutung der Sexualität in der menschlichen Natur. Das Wissen von der Sexualität und das Wissen von uns selbst werden enger miteinander verknüpft. Das Verständnis der eigenen Sexualität gilt in der Moderne, so sagt Foucault, als Methode, die Wahrheit über sich selbst zu entdecken. Die Wahrheit über uns selbst, nach der wir suchen, ist eine Wahrheit, die wir mit der Macht der Selbstkontrolle assoziieren. Da die moderne Diskussion sexueller Praktiken die Sexualität mit immer nuancierteren Vorschriften und Verboten belegt hat, sind gerade diese Grenzen ironischerweise ein Anreiz, sie zu überschreiten, um die verborgene Bedeutung unerlaubter oder unerklärter Sexualität zu erkunden.[47] Dieser Wunsch, verbunden mit der Eigenverantwortung in den Entscheidungen über unser Sexualverhalten, hat dem Subjekt in dem Versuch, sich selbst zu verstehen, eine ungewöhnliche Bedeutung zugewiesen. Deshalb, schließt Foucault, gibt nicht das Wissen von unserer Sexualität uns Macht über uns selbst (wie Freud lehrte); vielmehr erzeugt der Wille, Macht über unsere Sexualität zu erlangen, den Wunsch nach Selbsterkenntnis.[48]

Als Foucault sich an die Analyse der Sexualität machte, plante er insgesamt sechs Bände. Obwohl er vor seinem Tod im Jahre 1984 vier Bände fertigstellte, hatte er sich damals bereits einem neuen Gegenstand zugewandt, den er unterwegs entdeckt hatte.[49] Die Erforschung der Sexualität führte ihn zur Erforschung der Psyche. Sie eröffnete ihm eine neue Perspektive auf das Wesen des Ordnungsprozesses. In seinem frühen Werk über das Irrenhaus richtet sich das Interesse auf die Herrschaftstechniken, welche die öffentliche Macht zur

Kontrolle der Psyche gebrauchte. Seine nachfolgenden Arbeiten zur Sexualität ließen ihn erkennen, in welchem Grade diese Techniken durch Technologien der Selbstbearbeitung ergänzt wurden, die den Imperativen des Ordnungsprozesses zusätzlich Vorschub leisteten. In seinem letzten Projekt zu den Technologien des Selbst konzentrierte er seine Aufmerksamkeit auf die Art und Weise, wie das Individuum sich am Ordnungsprozeß beteiligt, indem es sein eigenes Verhalten überwacht.

Genau hier begegnen Freud und Foucault einander unmittelbar. Zu seiner Zeit beklagte Freud die mangelnde Bereitschaft der Franzosen, die Theorie der Psychoanalyse ernst zu nehmen.[50] Obschon sich dies in den letzten Jahren geändert hat, hält Foucault an der einstigen Skepsis fest.[51] Freud hielt seine psychoanalytische Technik für eine Erfindung, die erst aufgrund seiner Entdeckung der Dynamik des Unbewußten möglich geworden war. Foucault dagegen sucht deren verborgenen Stammbaum zu ergründen. Er zeichnet einen Freud, der zwar erfinderisch gewesen sein mag, aber eine Reihe von Werkzeugen der Selbstanalyse übernahm, die eine lange Genealogie hinter sich haben. Also rekonstruiert er Zusammenhänge zwischen der modernen psychoanalytischen Technik und fest etablierten, wenngleich theoretisch anders begründeten Praktiken der Selbstanalyse aus der Vergangenheit. Die psychoanalytische Methode, sagt Foucault, ist der Nachfahre teilweise recht alter Selbsthilfe-Praktiken, die sich nun in ein medizinisches Vokabular gehüllt haben. Obgleich die Ziele der Selbstanalyse sich gewandelt haben, sagt er, sind die Techniken dieselben geblieben. Sie alle sind Mittel zur Stärkung unserer Fähigkeit, Macht über unser Verhalten zu gewinnen. Während Freud darauf beharrt, daß die Psychoanalyse uns die verlorene Erinnerung an vergangene Erfahrungen wiederzuerlangen hilft, gilt Foucaults Augenmerk der Aneignung von Selbsthilfe-Verfahren, die vor langer Zeit entwickelt und dann aufgegeben worden sind[52], durch die Psychoanalyse. Dabei bleibt er seinem »archäologischen« Blick treu und beschreibt, wie der Ordnungsprozeß sich unabhängig von der theoretischen Erörterung seiner Zwecke ausbreitet. Er legt dar, daß Freud die in der katholischen Kirche übliche Technik der Ohrenbeichte aufnahm und dabei die religiöse Praxis der Gewissenserforschung in ein medizinisches Gewand kleidete.[53] Doch in späteren Untersuchungen erschließt Foucault, daß derlei Selbsttechniken noch viel älterer Herkunft sind. So wie Freud die Herausbildung der psychischen Struktur auf Urereignisse in den Anfängen der Zivilisation zurückzuführen versuchte, so verfolgt Foucault nun die Beichtpraktiken des siebzehnten Jahrhunderts bis in das christlich-römische Reich des vierten und fünften Jahrhunderts zurück, wobei er sich insbesondere den Regeln des mönchischen Lebens zuwendet. In diesem Kontext, so führt er aus, war Buße nicht ein Bekenntnis, sondern ein langfristiger »Status« mit vielfältigen Bußverpflichtungen: Abtötung des Fleisches, Kontemplation zur Befreiung von irdischen Begierden; absoluter Gehorsam gegenüber dem spirituellen Führer; Gewissenserforschung als Vorbereitung auf die öffentliche Beichte am Ende der Bußzeit. Selbsterkenntnis, so lehrten die spirituellen Führer, erwuchs aus Selbstkasteiung.[54]

Doch selbst diese Rituale der Selbsterforschung, fährt Foucault fort, gründen in noch früheren Praktiken – viele sind vorchristlichen Ursprungs, einige stammen von den Stoikern, die im ersten und zweiten Jahrhundert ein Regime der Selbstprüfung entworfen hatten, dem eine ganz andere, humanistische Vorstellung von Selbstanalyse zugrunde lag. Praktiken wie der spirituelle Rückzug, die Meditation, die rituelle Reinigung oder der Gehorsam gegenüber einem Lehrer, die später von christlichen spirituellen Führern übernommen werden sollten, waren von den Lehrern der Stoa an gänzlich andere Zwecke gekoppelt worden. Auch Traumdeutung war in der Antike eine durchaus populäre Technik, wiewohl manche Stoiker ihr mit Mißtrauen begegneten, denn man glaubte, daß die Träume Aussagen über die Zukunft machten, auf die man sich einzustellen hätte.[55] Das stoische Ideal war nicht Selbstverleugnung, wie es später für die Christen galt, sondern Sorge um sich selbst. Die stoischen Techniken sollten den Menschen befähigen, mit den Realitäten dieser Welt zu Rande zu kommen; es war nicht ihre Funktion, auf ein spirituelles Jenseits vorzubereiten.[56] Doch selbst die stoischen Techniken der Sorge um sich selbst hatten ältere Vorläufer. Die Pythagoräer des fünften und vierten Jahrhunderts vor unserer Zeitrechnung übten ihre Schüler in den Tugenden eines geordneten Lebens; sie verpflichteten sie, zu schweigen und die Kunst des Zuhörens zu erlernen, die ihnen als Vorbedingung der Selbstbeherrschung galt. Zur selben Zeit präsentiert Platon in *Alkibiades I* einen Sokrates, der seinem jungen Schüler ein Verfahren der Sorge um sich selbst vermittelt, das diesen für seine Pflichten als Erwachsener und im öffentlichen Leben rüsten soll.[57]

Da Foucault seinen genealogischen Abstieg in die Vergangenheit an dieser Stelle beendet, könnte man versucht sein, in diesen Pythagoräischen und Platonischen Methoden den Anfang der Entwicklung der Selbsttechniken in der antiken Welt zu erblicken. Doch Foucault meint, daß diese Praktiken sich noch weiter zurückverfolgen lassen. Seiner Ansicht nach gibt es keinen Anfang, wie Freud dachte, sondern lediglich eine genealogische Kette, die auf frühere Ausprägungen verweist und sich schließlich in der Vorgeschichte verliert.[58] Den Ausgangspunkt menschlichen Selbstverständnisses, sagt Foucault, markiert die Gegenwart und nicht irgendein hypothetischer historischer Ursprung. Der Freud, der aus Foucaults Darstellung der Genealogie der Psychoanalyse hervortritt, ist nicht der Urheber einer neuen Methode, sondern ein Erfinder, dessen Genie darin bestand, die von den vergangenen Gesellschaften der westlichen Zivilisation gebrauchten und dann abgelegten Verfahren der Selbsterkundung zu einer einheitlichen Theorie im Sinne eines medizinischen Diskurses zusammenzufassen. Wie die heutigen Therapeuten erblickten diese frühen Praktiker in der Sorge um sich selbst ein ernsthaftes und hilfreiches Unterfangen, das sie nicht in einem medizinischen, sondern in einem ethischen oder religiösen Vokabular beschrieben. Foucault fragt, warum Freud mittels dieser Techniken die Wahrheit über das Selbst zu ergründen versucht, während seine Vorläufer sich damit zufrieden gaben, eine Methode der Sorge um sich selbst zu entwickeln.[59]

Freuds Antwort auf diese Frage hing natürlich mit einem völlig anderen Begriff davon zusammen, was wir über die Psyche wissen können. Trotz aller sprachlichen Grenzen der Interpretation ist die Psyche für Freud eine eigenständige Realität, deren Funktionsweise objektiv verstanden werden kann.[60] Unsere Vorstellung von der Psyche mag durch die Bilder begrenzt sein, die wir zu ihrer Beschreibung verwenden. Doch die Unangemessenheit unserer Theorie nimmt dem Objekt, das sie zu bestimmen trachtet, nichts von seiner Wirklichkeit. Unsere Aufgabe liegt darin, die Theorie zu verfeinern, damit wir der Wahrheit über das Wesen der Psyche näherkommen. Für Foucault dagegen ist die Psyche keine objektive Realität, die sich durch unsere Theorien beschreiben ließe, sondern eine subjektive Vorstellung, die von diesen Theorien erzeugt wird. Das Selbst ist ein abstraktes Konstrukt, und dieses Konstrukt wird in einem ständigen Diskurs immer wieder umkonstruiert, einem Diskurs, der sich den Anforderungen des Ordnungsprozesses verdankt. Wenn wir die Genealogie dieses Diskurses nachzeichnen, behauptet Foucault, entdecken wir, daß das Selbst ein Ensemble von Theorien ist, die wir von ebendiesem Selbst ausbilden. Theorien des Selbst sind gleichsam eine Währung, durch die die Macht über die Psyche definiert und erweitert wird. Foucault verkehrt daher Freuds These zum Verhältnis von Wissen und Macht in ihr Gegenteil. Während Freud zu zeigen versuchte, daß Wissen uns Macht über uns selbst verleiht, möchte Foucault beweisen, daß Macht unser Wissen von uns selbst formt.

Diese fundamentale Differenz in den Ansätzen wird deutlich, wenn man Freuds und Foucaults Auffassung von Sexualität vergleicht. Da die Sexualität an der Schwelle zum zwanzigsten Jahrhundert kaum Thema öffentlicher Erwägungen war, hielt Freud es für geboten, den Widerwillen seiner Zeitgenossen zu brechen, die Sexualität als wichtige Quelle menschlicher Motivation anzuerkennen.[61] Für Freud war die Diskussion über die Sexualität ein Tor zur geistigen Aufklärung. Die Wahrheit über die menschliche Natur, so dachte er, gründet zu einem erheblichen Teil in unserer Sexualität, denn die sexuelle Energie (die Libido) bildet die Grundlage menschlicher Kreativität. Diese Energie wird vom Unbewußten gespeichert, sie wird umgewandelt und zu kulturellen Leistungen sublimiert.[62] Wenn wir die Macht des Sexualtriebs erkennen, alles menschliche Verhalten zu motivieren, das nicht bewußt als sexuell wahrgenommen wird, dann erfahren wir eine befreiende Wahrheit über uns selbst, die zuvor verborgen war. Foucault hingegen schreibt in einer Zeit, in der die Diskussion über Sexualität ihm kaum noch befreiend erscheint; vielmehr erhöht sie das Maß der Beobachtung und Prüfung, dem die Sexualität unterworfen wird, sowie das Maß an öffentlicher Kontrolle, das mit solcher Beobachtung verbunden ist. Sein Interesse gilt daher der Frage, wie es dazu gekommen ist, daß unser verstärktes Bedürfnis, über Sexualität zu sprechen, den Diskurs über die Sexualität zu einem Kampfplatz für den Ordnungsprozeß gemacht hat.[63]

Die Unterscheidung zwischen dem Diskurs über Sexualität als Quelle von Selbsterkenntnis und als Arena für die Entfaltung von Macht über das Selbst verweist auf beträchtliche Differenzen zwischen den beiden Denkern. Freud befaßt sich hauptsächlich mit Ursprüngen. Er betont die determinierende Kraft früherer Erlebnisse für zukünftiges Verhalten. Vorgängige Erfahrung bestimmt sowohl die Bildung unserer persönlichen wie auch die unserer kollektiven Identität.[64] Die Erfahrungen der Vergangenheit haben sich unaufhebbar in unsere Psyche eingegraben; sie prägen die zentralen Verhaltensmuster, mit denen wir hinfort zu leben haben. Gegenwärtiges Handeln erfolgt stets im Lichte unbewußter Erinnerung an solche Erfahrungen. Während für Freud die menschliche Natur durch die Erinnerung an vergangene Erfahrung bestimmt ist, glaubt Foucault, daß sie durch die Herstellung von Formen erzeugt wird. Tatsächlich verlieren sich für Foucault vergangene Erfahrungen in dem Gewirr von Formeln, die von den Menschen zu deren Klassifikation hervorgebracht worden sind. Er behauptet, wir entdeckten unsere Identität nicht, indem wir die ursprüngliche Bedeutung vorgängiger Verhaltensmuster ergründen, wie Freud lehrte, sondern indem wir die Formen auflösen, mit denen wir unsere Erfahrungen unablässig prüfen, bewerten und klassifizieren. Während Freud Ursprungserfahrungen in ihrer Zukunftsbedeutung liest, bleibt Foucaults Blick auf die Gegenwart fixiert. Während Freud fragt, auf welche Weise vergangene Erlebnisse unser gegenwärtiges Dasein beeinflussen, fragt Foucault, weshalb wir Wahrheit in den formalen Regeln suchen, die wir erdacht haben, um die Erfahrungen des Lebens zu disziplinieren. Freuds Interesse an der Vergangenheit betont die Erinnerung, Foucault betont die Wiederholung, die seine zentrale These vom Paradoxon der *conditio humana* stärkt: Wir erschaffen Formen, die dann ihrerseits unsere Schaffenskraft in ein Gefängnis sperren. Dieses Muster von Schöpfung und Zwang kehrt unablässig wieder. Vergangene Erfahrungen, sagt Foucault, prägen uns nicht unwiderruflich, wie Freud annimmt; vielmehr unterziehen wir unsere vergangenen Schöpfungen einer ständigen Revision, damit sie unseren gegenwärtigen schöpferischen Bedürfnissen entsprechen.

Die Rolle der Eltern ist ein gutes Beispiel für den Unterschied der beiden Konzepte der Bildung von Ichidentität. Freud betont die Bedeutung der Vererbung. Bei ihm spielen die Eltern – sowohl die unmittelbaren als auch die Ureltern – eine übermächtige Rolle. Wenn wir uns selbst verstehen wollen, so sagt er, bedarf es der Erhellung unserer Beziehungen zu unseren Eltern, um herauszufinden, in welcher Weise diese die Tiefenstrukturen unseres Unbewußten geprägt haben. Die Zusammenhänge sind real, auch wenn sie unterdrückt und vergessen worden sind. In gleicher Weise haben unsere Vorfahren uns institutionelle Vorgaben für unseren Umgang mit Erfahrungen hinterlassen, und diese Vorgaben beeinflussen uns nachhaltig. So beobachtet Freud mit Ehrfurcht die zähe Anziehungskraft der Religion, die sich fest im kollektiven Gedächtnis der Menschheit eingenistet hat. Freuds Rückgriff auf die Ursprünge bei der Entzifferung individueller und kollektiver Identität entzündete sich an der Überzeugung, daß gegenwärtiges Verhalten durch frühere Erfahrung unauslöschlich geformt wird.[65] Foucault dagegen entfaltet die Genealogie von der Gegenwart aus. Für ihn hat Elternschaft keine determinierende, sondern lediglich eine akzidentelle Bedeutung. Man braucht seine Herkunft nur ein paar Generationen weit in die Vergangenheit zurückzuverfolgen, um zu erkennen, wie beliebig, zufällig und manchmal geradezu bizarr die eigene Abstammungslinie ist. Geradeso wie Kinder zuweilen ein gänzlich anderes Leben führen als ihre Eltern, mag der Gebrauch einer Idee durch eine Generation nur wenig mit deren Gebrauch durch die vorangegangene Generation gemein haben.[66] Das erklärt, weshalb Foucault den Ideen, so wie sie sich in einer bestimmten Zeit darstellen, nur geringe Bedeutung beimißt – er glaubt nicht an die prägende Kraft geistiger Tradition.[67]

Der Unterschied zwischen den beiden Denkern erweist sich nicht zuletzt in ihren Auffassungen von den Selbsttechniken. Freuds Interesse gilt in erster Linie der Selbsterkenntnis. Sich selbst zu erkennen heiße, zu den Ursprüngen der Erfahrung zurückzukehren. Zwinge man das Unbewußte, dem Bewußtsein die verborgene Erinnerung an vergangene Erfahrungen zurückzuerstatten, so bedeute dies eine Befreiung, denn dadurch entdeckten wir die vergessenen Einflüsse, die uns zu dem gemacht haben, was wir sind. Die wiedergewonnene Erinnerung stelle die Kontinuität zur Vergangenheit wieder her und zeige uns damit die Wahrheit über uns selbst. Freuds Theorie des Selbst unterstreicht also die historische Bedeutung des Gedächtnisses als Grundlage der Identität.[68] Wenn wir vergessene oder verdrängte Erfahrung bewußt rekonstruieren, wissen wir, wer wir sind.[69] Nun würde Foucault durchaus einräumen, daß Freuds psychoanalytische Methode wichtige Bedeutungen freizulegen vermag, die uns betreffen; doch er würde einwenden, daß keine davon uns ein endgültiges Verständnis unserer selbst ermöglicht. Die Suche nach dem Selbst ist eine Reise in ein psychisches Labyrinth, die einen gänzlich zufälligen Verlauf nimmt und letztlich in Sackgassen endet. Der Sinn, den wir unseren Erinnerungen entnehmen, ist nur eine partielle Wahrheit und hat allenfalls ephemere Bedeutung.[70] Für Foucault ist die Psyche kein Archiv, sondern ein Spiegel. Wir sehen uns selbst in einer unendlichen Folge von Spiegelbildern. Unser Blick trifft nicht auf die Substanz unserer Anfänge, sondern lediglich auf die Bedeutungslosigkeit früherer, abgelegter Bilder des Selbst. Letzten Endes ist die Bedeutung des Selbst für Foucault minder wichtig als die Methoden, die wir gebrauchen, um es zu verstehen. In den Selbsttechniken, die von den Menschen über die Jahrhunderte hin eingesetzt worden sind, finden wir die Kontinuität. Was wir in der Psychoanalyse suchen, ist dasselbe, was die christlichen Büßer und die Stoiker schon vor langer Zeit suchten – nicht Selbsterkenntnis, sondern eine Methode der Sorge um uns selbst.

Müssen wir sagen, daß Foucaults These von den Brüchen in den Bedeutungen, die wir unseren vergangenen Erfahrungen entnehmen, uns zu persönlicher und kultureller Amnesie verurteilt? Foucault leugnet durchaus nicht Wert und Bedeutung der Erinnerung an die Vergangenheit; er will nur die Perspektive ändern, mit der wir diese Unternehmung eröffnen. Die Ergründung der Vergangenheit lehrt uns, daß es Optionen gibt, unter denen wir frei wählen können, nicht aber Kontinuitäten, denen wir uns anzupassen hätten. Was wir sind, hat ebensoviel mit dem zu tun, was wir in der

Gegenwart zu sein behaupten, wie mit dem, was wir an der Vergangenheit verehren. Die Suche nach dem Verständnis unserer selbst ist eine unendliche Expedition. Noch in den verborgensten Winkeln unserer Seele ruhen keine Erfahrungen, die uns unsere wahre Identität enthüllen würden, wenn wir sie ans Licht holten. Doch das Streben nach Wissen ist seinerseits eine Form der Sorge um sich selbst, wie alte Praktiker der Selbsttechniken lange vor Freud gewußt haben. Deshalb, sagt Foucault, sind wir verurteilt zu suchen, wobei wir unsere Natur einer beständigen Rekonstruktion unterwerfen, einer Rekonstruktion durch Formen, die wir in diesem Prozeß hervorbringen. Sinn zu stiften und Bedeutungen herzustellen ist ein unabschließbares Projekt. Für Foucault bekundet sich in eben dieser Kreativität unsere Macht, die es in vernünftiger Weise zu nutzen gilt.

Anmerkungen

1 Siehe insbesondere Michel Foucault, »Nietzsche, Freud, Marx«, in: *Cahiers de Royaumont: Philosophie* 6, 1967, S. 183–192; ders., *Les mots et les choses*, Paris 1966; dt.: *Die Ordnung der Dinge. Eine Archäologie der Humanwissenschaften*, übers. von Ulrich Köppen, Frankfurt am Main 1971, S. 447–456; ders., *Histoire de la folie*, Paris 1961; dt.: *Wahnsinn und Gesellschaft. Eine Geschichte des Wahns im Zeitalter der Vernunft*, übers. von Ulrich Köppen, Frankfurt am Main 1969, S. 370; ders., »The Confession of the Flesh«, in ders., *Power/Knowledge: Selected Interviews and Other Writings, 1972–1977*, hg. von Colin Gordon, New York 1980, S. 211–213.

2 Zum Verhältnis zwischen Foucaults historischen Untersuchungen und neueren Arbeiten zur Geschichte kollektiver Mentalitäten siehe Patrick H. Hutton, »The History of Mentalities: The New Map of Cultural History«, in: *History and Theory* 20, Nr. 3, 1981, S. 237–259.

3 Zu Freud im historischen Zusammenhang siehe insbesondere Lancelot Law Whyte, *The Unconscious Before Freud*, New York 1960, S. 10, 75, 169, 177–181; Henri F. Ellenberger, *The Discovery of the Unconscious: The History and Evolution of Dynamic Psychiatry*, New York 1970, S. 480, 488 f., 492 f., 514, 516, 534–546;

Arthur K. Berliner, *Psychoanalysis and Society: The Social Thought of Sigmund Freud*, Washington, D. C. 1983, S. 13–25.

4 Sigmund Freud, *Abriß der Psychoanalyse*, in: *Gesammelte Werke*, 18 Bde., Frankfurt am Main 1960, Bd. XVII, S. 67–73.

5 Ibid., S. 78; ders., *Eine Kindheitserinnerung des Leonardo da Vinci*, in: *Gesammelte Werke*, op. cit., Bd. VIII, S. 209 f.

6 Sigmund Freud, *Das Unbehagen in der Kultur*, in: *Gesammelte Werke*, op. cit., Bd. XIV, S. 433–445.

7 Freud, *Abriß der Psychoanalyse*, op. cit., S. 107.

8 Ibid., S. 97–108.

9 Zur Beziehung zwischen Freuds psychoanalytischer Methode und den klassischen mnemotechnischen Praktiken siehe Patrick H. Hutton, »The Art of Memory Reconceived: From Rhetoric to Psychoanalysis«, in: *Journal of the History of Ideas* 48, Nr. 3, 1987.

10 Freud, *Abriß der Psychoanalyse*, op. cit., S. 99; ders., *Zur Psychopathologie des Alltagslebens*, in: *Gesammelte Werke*, op. cit., Bd. IV.

11 Sigmund Freud, *Die Traumdeutung*, in: *Gesammelte Werke*, op. cit., Bd. 2/3, S. 46.

12 Sigmund Freud, »Über Deckerinnerungen«, in: *Gesammelte Werke*, op. cit., Bd. I, S. 531–554; ders., *Zur Psychopathologie des Alltagslebens*, op. cit., S. 51–60.

13 Freud, *Die Traumdeutung*, op. cit., S. 38–47.

14 Freud, *Abriß der Psychoanalyse*, op. cit., S. 107, 113.

15 Ibid., S. 126–138; ders., *Das Unbehagen in der Kultur*, op. cit., S. 476–493.

16 Foucault, *Histoire de la folie*, op. cit.

17 Michel Foucault, *Naissance de la clinique*, Paris 1963; dt.: *Die Geburt der Klinik. Eine Archäologie des ärztlichen Blicks*, übers. von Walter Seitter, München 1973.

18 Michel Foucault, *Surveiller et punir. La naissance de la prison*, Paris 1975; dt.: *Überwachen und Strafen. Die Geburt des Gefängnisses*, übers. von Walter Seitter, Frankfurt am Main 1976.

19 Michel Foucault, »The Politics of Health in Eighteenth Century«, in: *Power/Knowledge*, op. cit., S. 170 f.; ders., »*Omnes et Singulatim*: Towards a Criticism of ›Political Reason‹«, in: *The Tanner Lectures on Human Values*, hg. von Sterling M. McMurrin, Salt Lake City 1981; vgl. Jacques Donzelot, *La police des familles*, Paris 1977; dt.: *Die Ordnung der Familie*, übers. von Ulrich Raulff, Frankfurt am Main 1980, S. 20 f.; Michel Foucault, »Die politische Technologie der Individuen«, in diesem Band S. 168 ff.

20 Foucault, »*Omnes et Singulatim*«, op. cit., S. 237–240; ders., »Die politische Technologie der Individuen«, in diesem Band S. 168 ff.

21 Foucault, »*Omnes et Singulatim*«, op. cit., S. 226 f.

22 Foucault, *Wahnsinn und Gesellschaft*, op. cit., S. 19–98.
23 »The History of Sexuality: An Interview with Michel Foucault«, in: *Power/Knowledge*, op. cit., S. 185.
24 Michel Foucault, »Truth and Power«, in: *Power/Knowledge*, op. cit., S. 109–133.
25 Foucault, *Wahnsinn und Gesellschaft*, op. cit., S. 329–339.
26 Foucault, *Überwachen und Strafen*, op. cit., S. 313–329.
27 Michel Foucault, »Two Lectures« und »The Eye of Power«, in: *Power/Knowledge*, op. cit., S. 88–92, 158–165; vgl. Charles C. Lemert und Garth Gillan, *Michel Foucault: Social Theory as Transgression*, New York 1982, S. 76 f., 111 f.
28 Foucault, *Die Ordnung der Dinge*, op. cit., S. 22–25, 442 f.
29 Michel Foucault, *L'archéologie du savoir*, Paris 1969; dt.: *Archäologie des Wissens*, übers. von Ulrich Köppen, Frankfurt am Main 1973, S. 15, 193–199, 207 f.; vgl. Allan Megill, *Prophets of Extremity*, Berkeley 1985, S. 227–232.
30 Michel Foucault, »Prison Talk« und »Truth and Power«, in: *Power/Knowledge*, op. cit., S. 51 f., 112–114.
31 Foucault, *Wahnsinn und Gesellschaft*, op. cit., S. 63, 97, 303–307, 335 f.; *Überwachen und Strafen*, op. cit., S. 385–395.
32 Ibid.
33 Zur Diskussion der Foucaultschen These von den Brüchen zwischen den Kulturepochen (die er als »Episteme« bezeichnet) siehe Jean Piaget, *Le structuralisme*, Paris 1968; dt.: *Der Strukturalismus*, übers. von Lorenz Häfliger, Olten, Freiburg 1973, S. 123–130; Hayden V. White, »Foucault Decoded: Notes from the Underground«, in: *History and Theory* 12, 1975, S. 27 f.; Allan Megill, »Foucault, Structuralism, and the Ends of History«, in: *Journal of Modern History* 51, 1971, S. 462–466; Lemert und Gillan, *Foucault*, op. cit., S. 7–14.
34 Foucault, *Die Ordnung der Dinge*, op. cit., S. 25, 269, 307, 440; ders., *Archäologie des Wissens*, op. cit., S. 9–29; ders., »History of Sexuality«, in: *Power/Knowledge*, op. cit., S. 185.
35 Foucault, *Wahnsinn und Gesellschaft*, op. cit., S. 68–98, 326–380; ders., *Überwachen und Strafen*, op. cit., S. 93–133.
36 Foucault, »*Omnes et Singulatim*«, op. cit., S. 253 f.
37 Michel Foucault, »Nietzsche, Genealogy, History«, in: *Language, Countermemory, Practice: Selected Interviews and Essays*, hg. von Donald F. Bouchard, Ithaca, N. Y. 1977, S. 148–152.
38 Ibid., S. 142, 151 f.
39 Foucault, »Two Lectures«, in: *Power/Knowledge*, op. cit., S. 83.
40 Foucault, »Nietzsche, Genealogy, History«, in: *Language*, op. cit., S. 139–164; vgl. Pamela Major-Poetzl, *Michel Foucault's Archaeo-*

logy of Western Culture: Toward a New Science of History, Chapel Hill 1983, S. 36–42.

41 Foucault, *Wahnsinn und Gesellschaft*, op. cit., S. 370–390.

42 Michel Foucault, *Histoire de la sexualité, 1: La volonté de savoir*, Paris 1976; dt.: *Sexualität und Wahrheit. Erster Band. Der Wille zum Wissen*, übers. von Ulrich Raulff und Walter Seitter, Frankfurt am Main 1977, S. 20–23.

43 Ibid., S. 113–124, 139–157; ders., »History of Sexuality«, in: *Power/Knowledge*, op. cit., S. 190 f.

44 Foucault, *Sexualität und Wahrheit. Der Wille zum Wissen*, op. cit., S. 89 f., 97–100; »History of Sexuality«, in: *Power/Knowledge*, op. cit., S. 191 f.

45 Foucault, »History of Sexuality«, in: *Power/Knowledge*, op. cit., S. 181–189.

46 Foucault, *Sexualität und Wahrheit. Der Wille zum Wissen*, op. cit., S. 69–90, 97–100; ders., »History of Sexuality«, in: *Power/Knowledge*, op. cit., S. 191 f.

47 Foucault, *Sexualität und Wahrheit. Der Wille zum Wissen*, op. cit., S. 50–66; vgl. Karlis Racevskis, *Michel Foucault and the Subversion of the Intellect*, Ithaca, N. Y. 1983, S. 110.

48 Foucault, *Sexualität und Wahrheit. Der Wille zum Wissen*, op. cit., S. 113 f., 155–157, 185–190.

49 »On the Genealogy of Ethics: An Overview of Work in Progress – An Interview with Michel Foucault«, in: *The Foucault Reader*, hg. von Paul Rabinow, New York 1984, S. 340–343.

50 Sigmund Freud, *Selbstdarstellung*, in: *Gesammelte Werke*, op. cit., Bd. XIV, S. 88 f.

51 André Burguière, »The Fate of the History of Mentalities in the *Annales*«, in: *Comparative Studies in Society and History* 24, Nr. 3, 1982, S. 424–437; Mark Poster, *Foucault, Marxism, and History*, Cambridge 1984, S. 32–34; Sherry Turkle, *Psychoanalytic Politics: Freud's French Revolution*, New York 1978, S. 27–68.

52 Foucault, *Sexualität und Wahrheit. Der Wille zum Wissen*, op. cit., S. 130, 155–157; ders., »History of Sexuality«, in: *Power/Knowledge*, op. cit., S. 191 f.

53 Foucault, *Sexualität und Wahrheit. Der Wille zum Wissen*, op. cit., S. 28–35, 78–84, 87, 130, 137, 156.

54 Michel Foucault, »Technologien des Selbst«, in diesem Band S. 24 ff.

55 Ibid., siehe auch Luther H. Martin, »Artemidorus: Dream Theory in Late Antiquity«, in: *Second Century* (erscheint demnächst).

56 Foucault, »Technologien des Selbst«, in diesem Band S. 24 ff. ders., *Histoire de la sexualité, 3: Le souci de soi*, Paris 1984; dt.: *Die Sorge um sich. Sexualität und Wahrheit 3*, übers. von Ulrich Raulff

und Walter Seitter, Frankfurt am Main 1986, S. 62–75, 81–92; ders., »Genealogy of Ethics«, in: *Foucault Reader*, op. cit., S. 342, 359–362.

57 Foucault, »Technologien des Selbst«, in diesem Band S. 24 ff. ders., *Die Sorge um sich. Sexualität und Wahrheit 3*, op. cit., S. 61, 68, 81.

58 Foucault, *Die Ordnung der Dinge*, op. cit., S. 396–404; ders., »Nietzsche, Genealogy, History«, in: *Language*, op. cit., S. 142–147.

59 Foucault, »Technologien des Selbst«, in diesem Band S. 24 ff.

60 Sigmund Freud, *Neue Folge der Vorlesungen zur Einführung in die Psychoanalyse*, in: *Gesammelte Werke*, op. cit., Bd. XV, S. 146–169; ders., *Abriß der Psychoanalyse*, op. cit., S. 81, 126 f.

61 J. N. Isbister, *Freud: An Introduction to His Life and Work*, Cambridge 1985, S. 69, 83; Richard Wollheim, *Sigmund Freud*, New York 1971, S. 113–118.

62 Freud, *Drei Abhandlungen über Sexualtheorie*, op. cit., S. 140–145; ders., *Selbstdarstellung*, op. cit., S. 33–73; ders., *Abriß der Psychoanalyse*, op. cit., S. 132; ders., *Das Unbehagen in der Kultur*, op. cit., S. 457.

63 Foucault, *Sexualität und Wahrheit. Der Wille zum Wissen*, op. cit., S. 34–37, 89 f.

64 Freud, *Eine Kindheitserinnerung des Leonardo da Vinci*, op. cit., S. 21, 25, 49, 64–67, 71–73, 208–211; ders., *Der Mann Moses und die monotheistische Religion: Drei Abhandlungen*, in: *Gesammelte Werke*, op. cit., Bd. XVI, S. 198–209, 233–240.

65 Ibid., S. 185–240; ders., *Das Unbehagen in der Kultur*, op. cit., S. 426; ders., *Die Zukunft einer Illusion*, in: *Gesammelte Werke*, op. cit., Bd. XIV, S. 363–368.

66 Foucault, »Two Lectures«, in: *Power/Knowledge*, op. cit., S. 83 f., 87; ders., »Nietzsche, Genealogy, History«, in: *Language*, op. cit., S. 142–147.

67 Foucault, *Archäologie des Wissens*, op. cit., S. 135–140, 193–199.

68 Freud, *Der Mann Moses und die monotheistische Religion*, op. cit., S. 240–246.

69 Freud, *Die Traumdeutung*, op. cit., S. 46.

70 Foucault, »Nietzsche, Genealogy, History«, in: *Language*, op. cit., S. 142–147, 160–164.

8 MICHEL FOUCAULT
Die politische Technologie der Individuen

Den allgemeinen Rahmen für das, was ich die »Technologien des Selbst« nenne, bildet eine Frage, die wohl gegen Ende des achtzehnten Jahrhunderts aufkam. Sie sollte einer der Pole der modernen Philosophie werden. Sie unterscheidet sich deutlich von dem, was wir als die traditionellen philosophischen Fragen bezeichnen: Was ist die Welt? Was ist der Mensch? Was ist Wahrheit? Was ist Erkenntnis? Wie können wir etwas wissen? Und so weiter. Die Frage, die, wie ich vermute, Ende des achtzehnten Jahrhunderts hervortrat, lautet: Was sind wir gegenwärtig? Formuliert wird sie in einer Schrift von Kant. Ich behaupte nicht, daß man die alten Fragen nach Wahrheit, Erkenntnis und so weiter als erledigt abtun könnte, im Gegenteil, sie markieren ein starkes, konsistentes Forschungsfeld, das ich als formale Ontologie der Wahrheit umschreiben möchte. Aber ich denke, es hat sich ein neuer Pol für das Philosophieren herausgebildet, und dieser Pol ist durch die immergleiche und in stetem Wandel begriffene Frage »Was sind wir heute?« gekennzeichnet. Hier haben wir, so meine ich, das Feld der historischen Reflexion über uns selbst. Kant, Fichte, Hegel, Nietzsche, Max Weber, Husserl, Heidegger, die Frankfurter Schule haben versucht, diese Frage zu beantworten. Im Rückgriff auf diese Tradition möchte ich einige partielle und provisorische Antworten auf die genannte Frage versuchen, und zwar auf ideengeschichtlicher Grundlage, genauer: durch historische Analyse der Beziehungen zwischen unserem Denken und unseren Praktiken in der westlichen Gesellschaft.

Mit meinen Studien über Wahnsinn und Psychiatrie, Verbrechen und Strafe habe ich herauszufinden gesucht, wie wir unser Selbst auf indirekte Weise durch den Ausschluß Anderer – z.B. Krimineller, Irrer usw. – konstituiert haben. Meine gegenwärtige Arbeit befaßt sich mit der Frage: Wie haben wir auf direkte Weise unsere Identität geschaffen mit ethischen Selbsttechniken, die sich von der Antike bis in unsere Zeit entwickelt haben? Dem sind wir in unserem Seminar nachgegangen.

Da gibt es freilich noch ein anderes Forschungsfeld, das ich jetzt betreten habe. Ich bemühe mich zu ergründen, wie wir mittels einer politischen Technologie der Individuen dahin gelangt sind, uns selbst als Gesellschaft wahrzunehmen, als Teil eines sozialen Gebildes, einer Nation oder eines Staates. Ich möchte im folgenden eine knappe Skizze nicht der Selbsttechniken, sondern der politischen Technologie der Individuen vorstellen.

Es ist mir durchaus bewußt, daß die Materialien, mit denen ich zu tun habe, vielleicht allzu technisch und historisch sein könnten für einen öffentlichen Vortrag. Ich bin kein Vortragsredner, und ich weiß, daß dieses Material sich wohl eher für ein Seminar eignete. Aber ich habe zwei gute Gründe, es Ihnen trotz seines technischen Charakters vorzustellen. Erstens erachte ich es für eine Anmaßung, den Menschen gleichsam mit der Geste des Propheten vorzuschreiben, was sie zu glauben haben. Mir ist es lieber, sie ziehen die Schlüsse selber und machen sich ihre eigenen Gedanken aufgrund der Probleme, die ich bei der Analyse speziellen historischen Materials aufwerfe. Darin, so scheint mir, bekundet sich Achtung vor der Freiheit des Anderen, und das entspricht meiner Art. Der zweite Grund ist, daß ich mich weigere anzunehmen, Menschen, die sich einen öffentlichen Vortrag anhören, seien minder klug, gewitzigt oder belesen als die Teilnehmer eines Seminars. Wenden wir uns also dem Thema der politischen Technologie der Individuen zu.

Im Jahre 1779 erschien der erste Band eines Werkes, das

den Titel *System einer vollständigen Medicinischen Polizey* trägt und von dem deutschen Autor J. P. Frank stammt. Es folgten fünf weitere Bände, und als 1790 der letzte Band vorlag, war die Französische Revolution bereits im Gange. Weshalb bringe ich das berühmte Ereignis der Französischen Revolution mit der Publikation eines obskuren Werkes zusammen? Die Begründung dafür ist einfach: Franks Werk enthält das erste große Programm eines öffentlichen Gesundheitswesens für den modernen Staat. Es erläutert an und mit einer Vielzahl von Details, was eine Regierung tun muß, um für die Bevölkerung ausreichende Ernährung, ordentliche Wohnverhältnisse, verläßliche ärztliche Versorgung und solide medizinische Einrichtungen zu gewährleisten, kurz, was eine Regierung bewerkstelligen muß, um das Leben des Einzelnen zu fördern. Das Buch von Frank hilft uns erkennen, daß die Sorge für das Leben des Einzelnen um diese Zeit zu einer Aufgabe des Staates wurde.

In derselben Epoche gab die Französische Revolution das Signal zu den großen nationalen Kriegen, die mit Nationalarmeen geführt wurden und ihren Höhepunkt in fürchterlichen Massenschlächtereien fanden. Ein verwandtes Phänomen läßt sich im Zweiten Weltkrieg beobachten. In der gesamten uns bekannten Geschichte scheint es kein ähnliches Gemetzel gegeben zu haben wie im Zweiten Weltkrieg, und genau in dieser Phase wurden die gewichtigen Wohlfahrts- und öffentlichen Gesundheitsprogramme auf den Weg gebracht. Der Beveridge-Plan wurde zwar nicht in dieser Zeit erdacht, wohl aber veröffentlicht. Man könnte diesen prekären Zusammenhang mit der Parole krönen: Laß' dich abschlachten, und wir versprechen dir ein langes, angenehmes Leben. Die Lebensversicherung ist an ein Todeskommando gekoppelt.

Die Koexistenz großer destruktiver Mechanismen und auf die Sorge um das individuelle Leben eingeschworener Institutionen in politischen Strukturen ist verwirrend und bedarf der Analyse. Sie gehört zu den zentralen Antinomien unserer politischen Vernunft. Diese Antinomien verdienen Aufmerksamkeit. Ich meine nicht, die Massenschlächtereien seien die Wirkung, das Ergebnis, die logische Folge unserer Rationalität, noch meine ich, der Staat habe die Pflicht, sich um den Einzelnen zu kümmern, weil er das Recht habe, Millionen Menschen zu töten. Auch will ich keineswegs leugnen, daß Massenschlächtereien ebenso wie die Gesundheitsfürsorge ihre ökonomischen Ursachen oder ihre emotionalen Motive haben.

Verzeihen Sie mir, wenn ich auf einen Punkt zurückkomme: Wir sind denkende Wesen. Das heißt, selbst wenn wir töten oder getötet werden, selbst wenn wir Kriege führen oder um Arbeitslosenhilfe nachsuchen, selbst wenn wir für oder gegen eine Regierung stimmen, die die Sozialausgaben kürzt und den Verteidigungsetat erhöht, selbst in diesen Fällen sind wir denkende Wesen, und wir tun dies alles nicht nur aufgrund universeller Verhaltensregeln, sondern auch infolge einer spezifischen historischen Rationalität. Genau diese Rationalität und das Spiel auf Leben und Tod, das in ihr stattfindet, möchte ich in historischer Perspektive erfassen. Dieser Rationalitätstypus, der zu den Hauptmerkmalen der modernen politischen Vernunft zählt, bildete sich im siebzehnten und achtzehnten Jahrhundert heraus, und zwar mittels der allgemeinen Idee einer »Staatsraison« sowie eines eigentümlichen Komplexes von Regierungstechniken, die man damals mit dem Begriff »Polizey« umschrieb, der freilich eine sehr spezielle Bedeutung besaß.

Beginnen wir mit der »Staatsraison«. Ich möchte zunächst einige Definitionen zitieren, die von deutschen und italienischen Autoren stammen. Am Ende des sechzehnten Jahrhunderts gibt ein italienischer Jurist namens Botero folgende Definition der Staatsraison: »Ein vollständiges Wissen bezüglich jener Mittel, durch welche Staaten entstehen, stärker werden, ihren Bestand sichern und wachsen.« Ein anderer italienischer Autor, Palazzo, schreibt zu Beginn des siebzehnten Jahrhunderts: »Staatsraison ist eine Regel oder eine

Kunst, die uns erkennen läßt, wie wir Friede und Ordnung in der Republik schaffen können« (*Discorso del governo e della ragione vera di stato*, Venedig 1606). Und Chemnitz, ein deutscher Autor, formuliert Mitte des siebzehnten Jahrhunderts folgende Definition: »Ein gewisser politischer Verstand, wie er für alle öffentlichen Belange, Beratungen und Vorhaben erforderlich ist, dessen einziges Ziel die Erhaltung, die Ausdehnung und das Glück des Staates ist [man beachte diese Wendungen: die Erhaltung des Staates, die Ausdehnung des Staates, das Glück des Staates], zu welchem Zwecke die einfachsten und wirksamsten Mittel anzuwenden sind.«

Wir wollen einige Merkmale betrachten, die den Definitionen gemeinsam sind. Zunächst wird in der Staatsraison eine »Kunst« gesehen, das heißt eine Technik, die bestimmten Regeln gehorcht. Diese Regeln stützen sich nicht vorwiegend auf Sitte und Tradition, sondern auf ein rationales Wissen. Heutzutage gemahnt der Ausdruck »Staatsraison«, wie Sie wissen, eher an Willkür und Gewalt. Doch damals dachten die Menschen an eine Rationalität, die für die Kunst, einen Staat zu regieren, unabdingbar schien. Worin gründet nun die Rationalität dieser spezifischen Regierungskunst? Die Antwort auf diese zu Beginn des siebzehnten Jahrhunderts aufgeworfene Frage ist das Skandalon des in Entstehung begriffenen politischen Denkens, und dennoch war die Antwort, folgt man den von mir zitierten Autoren, sehr einfach. Die Kunst des Regierens ist dann rational, wenn sie die Natur dessen, was regiert wird, also des Staates, beachtet. Die Formulierung dieser schlichten Einsicht bedeutete in Wirklichkeit den Bruch mit zwei entgegengesetzten Kräften: der christlichen Tradition und dem Machiavellismus. Der christlichen Tradition zufolge mußte eine Regierung, die wesentlich gerecht sein wollte, ein vielfältiges System menschlicher, natürlicher und göttlicher Gesetze beherzigen. Dazu gibt es einen aufschlußreichen Text des heiligen Thomas, in dem er erklärt, daß die Herrschaft des Königs die Herrschaft

Gottes über die Natur nachahmen müsse. Der König muß Städte gründen, so wie Gott die Welt erschaffen hat; er muß die Menschen ihrer Bestimmung entgegenführen, so wie Gott es mit den natürlichen Wesen tut. Und was ist die Bestimmung des Menschen? Ist es körperliche Gesundheit? Nein, sagt Thomas. Wenn körperliche Gesundheit die Bestimmung des Menschen wäre, dann bräuchten wir keinen König, sondern einen Arzt. Ist es Reichtum? Nein, denn in diesem Falle würde ein Verwalter genügen. Ist es Wahrheit? Nein, antwortet Thomas, denn um Wahrheit zu erlangen, bedürften wir keines Königs, sondern eines Lehrers. Der Mensch braucht jemanden, der ihm den Weg zur himmlischen Glückseligkeit zu öffnen vermag, indem er auf Erden dem entspricht, was *honestum* ist. Ein König hat den Menschen zum *honestum* als seiner natürlichen und göttlichen Bestimmung zu führen.

Das Modell rationaler Herrschaft, das Thomas entwirft, ist keineswegs politisch, doch im sechzehnten und siebzehnten Jahrhundert suchen die Menschen nach anderen Versionen der Staatsraison, nach Grundsätzen, die es ermöglichten, tatsächliches Regieren anzuleiten. Sie beschäftigen sich mit der Frage, was der Staat ist, und nicht mit der göttlichen oder natürlichen Bestimmung des Menschen.

Die Staatsraison steht noch zu einem weiteren Konzept im Gegensatz. In *Der Fürst* sucht Machiavelli zu klären, wie der Erbe oder Eroberer einer Provinz oder eines Landes seine Herrschaft gegen innere und äußere Feinde sichern kann. Sein ganzes Augenmerk gilt der Bestimmung dessen, was das Band zwischen dem Fürsten und dem Staat zu festigen vermag, während es bei dem Problem, das man Anfang des siebzehnten Jahrhunderts mit dem Begriff der Staatsraison bezeichnete, um die Existenz und das Wesen dieser neuen Entität geht, die der Staat verkörpert. Die Theoretiker der Staatsraison hielten Distanz gegenüber Machiavelli, einerseits, weil er damals in schlechtem Rufe stand, andererseits, weil sie ihr eigenes Problem in seiner Fragestellung nicht wiederzufinden vermochten, und diese Fragestellung betraf das Verhältnis zwischen dem Fürsten – dem König – und seinem Land bzw. seinem Volk. Trotz des Streits um den Fürsten und Machiavellis Werk markierte die Staatsraison einen Meilenstein in der Herausbildung eines Rationalitätstypus, der sich radikal von der Auffassung Machiavellis unterschied. Das Ziel der neuen Regierungskunst ist es gerade nicht, die Macht des Fürsten zu stärken; ihr Ziel ist vielmehr die Stärkung des Staates. Kurz gesagt, »Staatsraison« bezieht und beruft sich weder auf die Weisheit Gottes noch auf die Vernunft oder die Strategien des Fürsten, sondern auf den Staat, auf sein Wesen und seine eigentümliche Rationalität. Die These, daß es das Ziel der Regierung sei, den Staat zu stärken, impliziert eine Reihe von Ideen, mit denen wir uns beschäftigen müssen, wenn wir Aufstieg und Entwicklung der modernen politischen Rationalität verstehen wollen.

Die erste dieser Ideen ist das neue Verhältnis zwischen Politik als Praxis und Politik als Wissen. Sie handelt von der Möglichkeit eines spezifisch politischen Wissens. Folgt man dem heiligen Thomas, dann sollte der König lediglich tugendhaft sein; der Führer der Polis in der Platonschen Republik mußte Philosoph sein. Zum erstenmal in der Geschichte muß nun derjenige, der andere im Rahmen des Staates beherrscht, Politiker sein, das heißt, er muß eine besondere politische Kompetenz und ein spezifisches politisches Wissen erwerben.

Der Staat ist etwas, das aus sich heraus existiert. Er ist gleichsam ein natürliches Objekt, obschon die Juristen in Erfahrung zu bringen versuchen, wie er auf legitime Weise konstituiert werden kann. Der Staat ist an sich eine Ordnung der Dinge, und das politische Wissen trennt ihn von den juristischen Überlegungen. Politisches Wissen ist nicht mit den Rechten der Menschen und mit menschlichen oder göttlichen Gesetzen befaßt, sondern mit der Natur des Staates, der regiert werden soll. Regieren ist nur dann möglich, wenn die Stärke des Staates bekannt ist; erst mit diesem Wissen läßt er sich bewahren. Die Fähigkeiten des Staates und die Mittel, diese Fähigkeiten zu erweitern, müssen bekannt sein. Dasselbe gilt für die Stärke und die Fähigkeiten anderer Staaten, die dem eigenen Staat gefährlich werden können. Der regierte Staat muß sich gegen die anderen behaupten. Regieren bedeutet daher mehr als die Anwendung allgemeiner Prinzipien der Vernunft, der Weisheit und der Klugheit. Es bedarf vielmehr eines speziellen Wissens, eines konkreten, präzisen, wohlabgewogenen Wissens von der Stärke des Staates. Die für die Staatsraison charakteristische Regierungskunst ist eng verbunden mit dem, was man damals »politische Arithmetik« nannte. Politische Arithmetik war das Wissen, das zur Ausübung politischer Kompetenz erforderlich war, und wie Ihnen vertraut ist, gab es noch eine andere Bezeichnung für politische Arithmetik: Statistik nämlich, eine Statistik, die nichts mit Wahrscheinlichkeiten zu tun hatte, sondern mit dem staatsbezogenen Wissen, dem Wissen von der jeweiligen Stärke verschiedener Staaten.

Die zweite wichtige Implikation, die sich aus der Idee der Staatsraison ergab, war ein neues Verhältnis zwischen Politik und Geschichte. Nun wird das Wesen des Staates nicht mehr als Gleichgewicht verschiedener Elemente verstanden, die sich allein durch gute Gesetze zusammenführen und zusammenhalten ließen, sondern als ein Komplex von Kräften, die durch die Politik der jeweiligen Regierung gestärkt oder geschwächt werden können, da jeder Staat in ständigem Wettstreit mit anderen Ländern, Nationen oder Staaten steht, so daß er eine unbestimmte Zukunft voller Kampf oder zumindest Rivalität mit ähnlichen Staaten vor sich hat. Im Mittelalter hatte die Idee dominiert, daß alle Königreiche der Erde eines Tages, nämlich unmittelbar vor der Wiederkehr Christi, zu einem einzigen Reich vereinigt würden. Zu Beginn des siebzehnten Jahrhunderts ist diese Idee nur noch ein Traum, der zu den zentralen Topoi des politischen oder geschichtlich-politischen Denkens des Mittelalters gezählt hatte. Das Projekt der Wiederherstellung des römischen Reiches wird ein für allemal aufgegeben. Politik hat es fortan mit einer nicht zu reduzierenden Vielzahl von Staaten zu tun, die miteinander in einer begrenzten Geschichte gegeneinander kämpfen oder miteinander konkurrieren.

Die dritte Idee, die wir aus dem Begriff der Staatsraison ableiten können, ist folgende: Da der Staat sein eigener Zweck ist, und da die Regierungen es sich zu ihrem ausschließlichen Ziel setzen müssen, die Stärke des Staates nicht nur zu bewahren, sondern beständig zu erhöhen, liegt es auf der Hand, daß die Regierungen sich nicht um Individuen zu kümmern haben – oder allenfalls in dem Maße, wie dies zur Stärkung des Staates beiträgt: was sie tun, ihr Leben, ihren Tod, ihre Tätigkeit, ihr individuelles Verhalten, ihre Arbeit und so weiter. Doch in diesem Kalkül gibt es eine Art politischer Grenznutzentheorie, denn worum es hier geht, ist einzig der politische Nutzen. In der Sicht des Staates ist der Einzelne nur insofern von Belang, als das, was er tut, eine noch so geringe Veränderung in der Stärke des Staates herbeizuführen vermag, entweder positiv oder negativ. Nur soweit das Individuum in der Lage ist, eine derartige Veränderung zu bewirken, hat der Staat mit ihm zu tun – manchmal muß der Einzelne für den Staat leben, arbeiten, produzieren, konsumieren, und manchmal muß er für ihn sterben.

Offensichtlich ähneln diese Vorstellungen einer Reihe von Ideen, die wir in der griechischen Philosophie entdecken können. Und in der Tat begegnen uns in der politischen Literatur am Beginn des siebzehnten Jahrhunderts häufig Verweise auf die griechischen Stadtstaaten. Aber ich denke, daß hier in dieser neuen politischen Theorie unter der Oberfläche einiger weniger verwandter Vorstellungen eine ganz neuartige Tendenz spielt. Die nach den Kriterien einer Grenznutzentheorie deklarierte Unterordnung des Individuums unter den Nutzen des Staates wird im modernen Staat nicht in Gestalt jener ethischen Gemeinschaft erreicht, die für die griechische Polis charakteristisch war. Im Zeichen der neuen politischen Rationalität fällt diese Aufgabe vielmehr einer speziellen Technik zu, die man damals mit dem Ausdruck »Polizey« belegte.

Hier erscheint nun die Frage, mit der ich mich in einer künftigen Arbeit auseinandersetzen möchte: Welche politischen Techniken, welche Technologie des Regierens, hat man im allgemeinen Rahmen der Staatsraison entwickelt und eingesetzt, um das Individuum zu einem für den Staat wichtigen Element zu machen? Wenn die Rolle des Staates innerhalb unserer Gesellschaft analysiert wird, dann konzentriert sich die Aufmerksamkeit meist entweder auf Institutionen – Armeen, zivile Körperschaften, Bürokratien usw. – und auf die Menschen, die sie steuern, oder auf die Theorien oder Ideologien, deren Zweck es ist, die Existenz des Staates zu begründen oder zu legitimieren. Ich dagegen fahnde nach den Techniken oder Praktiken, die der neuen politischen Rationalität und dem neuartigen Verhältnis zwischen der sozialen Entität und dem Individuum konkrete Gestalt verleihen. Und überraschenderweise erkannte man jedenfalls in Ländern wie Deutschland und Frankreich, wo das Problem des Staates aus verschiedenen Gründen als besonders gewichtig erschien, die Notwendigkeit, die neue Machttechnologie, die neuen Techniken, welche den Einzelnen in die soziale Entität zu integrieren halfen, genau zu definieren, zu beschreiben und zu organisieren. Man erkannte die Notwendigkeit dieser Tätigkeit und gab ihr einen Namen. Im Französischen heißt dieser Name »police« und im Deutschen »Polizei«. (Ich glaube, das englische Wort »police« hat eine ganz andere Bedeutung.) Wir müssen zu klären versuchen, was die französischen und deutschen Worte »police« und »Polizei« damals bedeuteten. Ihre Bedeutung ist ziemlich verwirrend, denn zumindest seit dem neunzehnten Jahrhundert verwendet man sie zur Bezeichnung einer ganz bestimmten Institution, die zumindest in Frankreich und Deutschland – ich weiß nicht, wie es in den Vereinigten Staaten war oder ist – nicht immer in einem sonderlich guten Ruf gestanden hat. Doch vom Ende des sechzehnten bis zum Ende des achtzehnten Jahrhunderts besaßen die Worte »police« und »Polizei« eine sehr weite und zugleich sehr präzise Bedeutung. Wenn Menschen damals von »Polizei« sprachen, dann meinten sie die spezifischen Techniken, durch die eine Regierung im Rahmen des Staates in die Lage versetzt wurde, Menschen zu regieren.

Um diese neue Regierungstechnologie besser zu verstehen, erscheint es nützlich, sie in den drei Formen zu betrachten, die jede Technologie im Zuge ihrer Entwicklung und Geschichte anzunehmen vermag: als Traum oder als Utopie, sodann als Praxis oder Regelwerk für bestimmte reale Institutionen, schließlich als akademische Disziplin.

Louis Turquet de Mayenne bietet zu Beginn des siebzehnten Jahrhunderts ein gutes Beispiel für die zeitgenössische Auffassung der utopischen oder universellen Technik des Regierens. In seinem Buch *La Monarchie aristo-démocratique* (1611) schlägt er eine Spezialisierung der Exekutivgewalt und der Polizeigewalt vor. Aufgabe der Polizei sollte es sein, den bürgerlichen Respekt und die öffentliche Moral zu fördern. Turquet empfiehlt, in jeder Provinz vier Polizeibehörden einzurichten, um die Wahrung von Gesetz und Ordnung zu gewährleisten, wobei zwei von ihnen die Menschen und zwei die Sachen im Blick behalten sollten. Die erste Behörde sollte insbesondere auf die Erziehung achten und genau ermitteln, über welche Fähigkeiten und Vorlieben jeder Einzelne verfügte. Sie sollte die Fähigkeiten der Kinder von frühester Kindheit an beobachten. Jeder, der älter als fünfundzwanzig Jahre war, sollte mit seinen Fähigkeiten und seiner Tätigkeit in ein Register eingetragen werden; der Rest bildete den Bodensatz der Gesellschaft.

Die zweite Behörde hatte sich um Arme, Witwen, Waisen und Alte, die der Hilfe bedurften, zu kümmern. Sie sollte diejenigen überwachen, die nur widerwillig einer Beschäftigung nachgingen und zur Arbeit gezwungen werden mußten, und die, deren Tätigkeit einer finanziellen Unterstützung bedurfte; auch hatte sie eine Art Bank zu betreiben, die in Not geratene Menschen mit Geldmitteln versorgte oder ihnen Kredite gewährte. Außerdem sollte sie Krankheiten und Epidemien sowie Unglücksfälle wie Brände und Überschwemmungen im Blick behalten und eine Art Versicherung aufbauen, die den Menschen in Notlagen beisprang.

Die dritte Behörde hatte sich auf Waren und Manufakturgüter zu spezialisieren. Sie bestimmte, was auf welche Weise produziert werden sollte. Außerdem kontrollierte sie die Märkte und den Handel, was im übrigen eine traditionelle Aufgabe der Polizei war.

Die vierte Behörde hatte sich der *demesne* zu widmen, das heißt Grund und Boden, Privateigentum, Erbschaftsangelegenheiten, Schenkungen, Verkäufen, aber auch Pachtrechten, Straßen, Flüssen, öffentlichen Gebäuden und so weiter.

Viele Aspekte dieser Argumentation sind mit den politischen Utopien verwandt, die damals und schon im sechzehnten Jahrhundert geläufig waren. Der Text von Turquet ist jedoch zugleich Teil der großen theoretischen Diskussionen über die Staatsraison und den Verwaltungsaufbau in den Monarchien; er ist repräsentativ für das Bild, welches das Zeitalter sich von einem gut regierten Staat machte.

Was zeigt uns dieser Text? Zunächst einmal zeigt er, daß »die Polizei« als eine Verwaltungsbehörde fungiert, die gemeinsam mit den Gerichten, der Armee und dem Fiskus an vorderster Stelle im Staate steht. In Wirklichkeit freilich umfaßt sie auch die anderen Institutionen, oder wie Turquet sagt: »Sie verzweigt sich in alle Lebensbereiche des Menschen, in alles, was sie tun oder unternehmen. Zu ihrem Tätigkeitsbereich gehören das Rechtswesen, die Finanzen und die Armee.«

Wir sehen also, daß die Polizei in diesem utopischen System allgegenwärtig ist, allerdings in einer speziellen Perspektive: Menschen und Dinge werden entschieden in ihren wechselseitigen Beziehungen wahrgenommen. Die Polizei befaßt sich mit dem Zusammenleben der Menschen auf ihrem Territorium, mit ihrem Verhältnis zum Eigentum, mit dem, was sie produzieren, was auf den Märkten ausgetauscht wird; sie kümmert sich auch darum, wie sie leben, um die Krankheiten und Unglücksfälle, von denen sie heimgesucht werden können. Mit einem Wort, der Blick der Polizei gilt dem lebendigen, aktiven, produktiven Menschen. Turquet benutzt eine bemerkenswerte Wendung, er sagt: »Das wahre Objekt der Polizei ist der Mensch.«

Ich habe ein wenig Angst, Sie könnten meinen, ich hätte mir diesen Satz ausgedacht, um einen dieser boshaften Aphorismen zu prägen, für die ich anscheinend bekannt bin; aber es handelt sich um ein Zitat. Glauben Sie nicht, ich wollte sagen, der Mensch sei ein Nebenprodukt der Polizei. Wichtig an dem Gedanken, das wahre Objekt der Polizei sei der Mensch, ist ein historischer Wandel in der Beziehung zwischen der Macht und den Individuen. In einer ersten Annäherung ließe der Wandel sich so beschreiben: Die Feudalgewalt gründete in Beziehungen zwischen Rechtssubjekten, insofern sie durch Geburt, Stand oder persönliches Zutun in rechtliche Verhältnisse zueinander traten. Mit dem neuen Polizei-Staat hat die Regierung es nun mit Individuen zu tun, und zwar nicht nur, soweit deren rechtlicher Status betroffen ist, sondern mit Individuen als lebendigen, arbeitenden, wirtschaftenden Wesen.

Wir wollen jetzt den Traum verlassen und uns der Realität und den administrativen Praktiken zuwenden. Wir besitzen ein Kompendium, das Anfang des achtzehnten Jahrhunderts in Frankreich verfaßt wurde und in systematischer Ordnung die wichtigsten Polizeivorschriften des französischen Königreichs versammelt. Es handelt sich um ein Handbuch oder eine Enzyklopädie zum Gebrauch durch die Staatsbeamten. Der Autor des Handbuchs war N. Delamare, und er gliedert seine Enzyklopädie (*Traité de la police*, 1705) in elf Kapitel. Das erste Kapitel befaßt sich mit der Religion, das zweite mit der Moral, das dritte mit der Gesundheit, das vierte mit der Versorgung, das fünfte mit Wegen, Straßen und städtischen

Bauten, das sechste mit der öffentlichen Sicherheit, das siebte mit den freien Künsten (grob gesagt mit Kunst und Wissenschaft), das achte mit dem Handel, das neunte mit den Fabriken, das zehnte mit Dienstleuten und Fabrikarbeitern, das elfte mit den Armen. Damit war für Delamare und seine Nachfolger die Verwaltungspraxis in Frankreich charakterisiert. Sie war die Domäne der Polizei und reichte von der Religion über Moral, Gesundheit, freie Künste usw. bis zur Armen-Fürsorge. Auf die gleiche Klassifikation stößt man in den meisten Kompendien oder Abhandlungen über die Polizei. Sieht man einmal von der Armee und dem Rechtswesen im engeren Sinne sowie von den direkten Steuern ab, so kümmerte sich die Polizei ganz wie in Turquets Utopie offenbar um alles.

Worin bestand nun in dieser Sicht die reale Verwaltungspraxis in Frankreich? Welche Logik stand hinter dem Eingriff in religiöse Riten oder kleinbetriebliche Produktionstechniken, in das geistige Leben oder das Straßennetz? Delamare scheint sich nicht ganz sicher bei der Beantwortung dieser Frage zu sein. Manchmal sagt er: »Die Polizei muß nach allem sehen, was das Glück der Menschen angeht.« An anderer Stelle heißt es: »Die Polizei soll auf alles achten, was der Regulation der Gesellschaft dient«, und mit »Gesellschaft« meint er soziale Beziehungen, »die zwischen den Menschen bestehen«. Dann wieder fordert er, die Polizei solle sich um »das Leben« kümmern. An dieser Definition möchte ich festhalten, denn sie ist die ursprüngliche. Im übrigen erhellt sie die beiden anderen Definitionen. Zu den elf Gegenständen der Polizei gibt Delamare folgende Erläuterungen: Mit der Religion befaßt die Polizei sich nicht im Hinblick auf die rechte Lehre, sondern aus der Sicht der moralischen Qualität des Lebens. Wenn die Polizei sich um Gesundheit und Versorgung kümmert, hat sie es mit der Erhaltung des Lebens zu tun. Was Handel, Fabriken, Arbeiter, die Armen und die öffentliche Ordnung angeht, so kümmert die Polizei sich hier um die angemessenen Lebensgrundlagen, und bei Theater, Literatur und Unterhaltung geht es um das Vergnügen. Kurz gesagt, Objekt der Polizei ist das Leben. Das Notwendige, das Nützliche und das Überflüssige – das sind die drei Arten von Dingen, die wir in unserem Leben brauchen oder nutzen können. Daß die Menschen überleben, daß sie leben und daß sie noch etwas mehr tun, als nur zu überleben – dafür hat die Polizei zu sorgen.

Diese Systematisierung der französischen Verwaltungspraxis scheint mir aus mehreren Gründen bedeutsam zu sein. Zunächst einmal versucht sie, wie man sieht, Bedürfnisse zu klassifizieren; das ist natürlich eine alte philosophische Übung, doch hier ist das technische Vorhaben daran geknüpft, den Zusammenhang zwischen der Nützlichkeit für den Einzelnen und der Nützlichkeit für den Staat zu bestimmen. Delamares These lautet, was überflüssig für das Individuum ist, könne für den Staat unerläßlich sein, und umgekehrt. Der zweite wichtige Punkt ist, daß Delamare das menschliche Glück zum Thema der Politik macht. Ich weiß sehr wohl, daß seit den Anfängen der politischen Philosophie im Westen alle Welt gewußt und gesagt hat, das Glück der Menschen sei das oberste Ziel der Regierung, doch damals sah man im Glück das Ergebnis oder die Wirkung einer wirklich guten Regierung. Nun aber ist Glück nicht einfach eine Wirkung. Das Glück des Einzelnen ist die Voraussetzung für den Fortbestand und die Entwicklung des Staates. Es ist eine Vorbedingung, ein Instrument, nicht bloß eine Folge. Das Glück der Menschen wird zu einem Baustein des starken Staates. Auch sagt Delamare, der Staat habe es nicht nur mit Menschen oder einer Vielzahl von Menschen zu tun, die zusammenleben, sondern mit der Gesellschaft. Die Gesellschaft und die Menschen als soziale Wesen, die Individuen mit all ihren sozialen Beziehungen, sind jetzt das wahre Objekt der Polizei.

Und schließlich wurde »Polizei« zu einer Disziplin. Sie war nicht nur reale Verwaltungspraxis; sie war nicht nur ein Traum; sie war eine Disziplin in der akademischen Bedeutung des Wortes. Unter dem Namen »Polizeywissenschaft« wurde sie an verschiedenen Universitäten in Deutschland gelehrt, vor allem in Göttingen. Die Universität Göttingen besaß allergrößte Bedeutung für die politische Geschichte Europas, denn dort wurden hohe Beamte aus Preußen, Österreich und Rußland ausgebildet, eben jene Beamten, die die Reformen Josephs II. oder Katharina der Großen durchführen sollten. Auch eine Reihe von Franzosen, insbesondere in der Umgebung Napoleons, kannten die Lehren der »Polizeywissenschaft«.

Das wichtigste Zeugnis der Polizeilehre, das wir besitzen, ist eine Art Handbuch für Studenten, das Johann Heinrich Gottlob von Justi geschrieben hat; es trägt den Titel *Grundsätze der Polizeywissenschaft*. In diesem Handbuch wird die Aufgabe der Polizei ganz wie bei Delamare als Sorge um die in Gesellschaft lebenden Individuen definiert. Dennoch baut Justi sein Werk ganz anders auf als Delamare. Er untersucht zunächst die »Cultur der Länder«, das heißt deren Territorium. Und er betrachtet es unter zwei verschiedenen Gesichtspunkten: nach der Art der Besiedlung (Stadt im Verhältnis zum Land) und nach der Art der Bevölkerung (Größe, Wachstum, Gesundheit, Sterblichkeit, Einwanderung und so weiter). Danach analysiert er »die Maßregeln, einen blühenden Nahrungsstand zu befördern«, das heißt die Produktion und Zirkulation der Waren, die Fragen nach Kosten, Kredit und Währung aufwerfen. Den letzten Teil der Studie widmet er dem Verhalten der Individuen, ihrer Moral, ihrer Berufstätigkeit, ihrer Ehrsamkeit und dem Problem, wie sie in die Lage versetzt werden, die Gesetze zu beachten.

Nach meiner Ansicht demonstriert Justis Werk in weitaus fortgeschrittenerer Weise als Delamares Einleitung zu seinem Kompendium, wie die Polizei sich entwickelte, und zwar aus mehreren Gründen. Der erste Grund liegt darin, daß Justi eine wichtige Unterscheidung trifft zwischen dem, was er die »Polizey«, und dem, was er »Staatskunst« (Politik) nennt. Staatskunst bezeichnet für ihn die negative Aufgabe des Staates. Sie umfaßt den Kampf des Staates gegen innere und äußere Feinde, die Anwendung der Gesetze gegen innere, den Einsatz der Armee gegen äußere Gegner. Die Polizei dagegen hat eine positive Aufgabe. Ihre Instrumente sind weder Waffen und Gesetze noch Abwehr und Verbot. Ziel der Polizei ist die erweiterte Hervorbringung von etwas Neuem, das dem Leben des Einzelnen und der Stärke des Staates förderlich sein soll. Polizei regiert nicht durch Gesetz, sondern durch permanenten ordnenden Eingriff in das Verhalten der Individuen. Obwohl die semantische Unterscheidung zwischen einer mit negativen Aufgaben betrauten Politik und einer auf positive Ziele ausgerichteten Polizei schon bald aus dem politischen Diskurs und aus dem politischen Vokabular verschwand, ist das Problem eines permanenten Eingriffs des Staates in die sozialen Prozesse – auch jenseits der Gesetzesform – charakteristisch für die moderne Politik und politische Reflexion. Die seit dem Ende des achtzehnten Jahrhunderts geführte Debatte über Liberalismus, Polizeistaat, Rechtsstaat und so weiter hat ihren Ursprung in dieser Frage nach den positiven und negativen Aufgaben des Staates, in der Möglichkeit, daß der Staat vielleicht nur negative und keine positiven Aufgaben hat und daß er eventuell gar nicht die Macht besitzt, das Verhalten der Menschen zu beeinflussen.

Es gibt noch einen weiteren zentralen Punkt in der Konzeption Justis, die am Ende des achtzehnten und zu Beginn des neunzehnten Jahrhunderts beträchtlichen Einfluß auf das gesamte politische und administrative Personal der europäischen Länder ausgeübt hat. Zu den wichtigsten Vorstellungen, die in seinem Buch verhandelt werden, gehört das Konzept der Bevölkerung, und ich vermute, daß man es in keinem anderen Werk über die Polizei findet. Ich weiß sehr wohl, daß Justi den Begriff oder das Wort nicht erfunden hat; es ist jedoch aufschlußreich, daß er unter dieser Bezeichnung all das berücksichtigt, was die Demographen seiner

Zeit gerade entdeckten. In seinen Augen bilden die physischen und ökonomischen Elemente des Staates eine Umwelt, von der die Bevölkerung abhängt und die ihrerseits von der Bevölkerung abhängt. Natürlich sprachen Turquet und andere Utopisten von Flüssen, Wäldern, Feldern usw., aber im wesentlichen erblickten sie darin Ressourcen, um Steuern oder Einkommen zu schaffen. Für Justi dagegen stehen Bevölkerung und Umwelt in einer ständigen lebendigen Wechselwirkung, und der Staat hat diese Wechselwirkung zu lenken. Man kann also sagen, das wahre Objekt der Polizei wird am Ende des achtzehnten Jahrhunderts die Bevölkerung. Sie übt Herrschaft über Lebewesen als Lebewesen aus, und ihre Politik ist deshalb Biopolitik. Da die Bevölkerung nicht mehr ist als das, worum der Staat sich um seiner selbst willen kümmert, hat der Staat natürlich das Recht, diese Bevölkerung, falls nötig, auch abzuschlachten. Das Gegenstück zur Biopolitik ist die Thanatopolitik.

Ich weiß sehr wohl, daß dies alles nur skizzenhafte Vorschläge und Leitlinien sind. Doch von Botero bis Justi, vom Ende des sechzehnten bis zum Ende des achtzehnten Jahrhunderts erschließt sich uns zumindest in Andeutungen die Entwicklung einer politischen Rationalität, die mit einer politischen Technologie verknüpft ist. Von der Idee, daß der Staat ein eigenes Wesen und eine eigentümliche Bestimmung besitzt, bis hin zu dem Begriff vom Menschen als einem lebendigen Individuum oder einem Teil einer Bevölkerung, die in Wechselwirkung mit der Umwelt steht, erkennen wir, daß der Zugriff des Staates auf das Dasein des Einzelnen immer nachdrücklicher wird, daß die Probleme des Lebens für die politische Gewalt an Bedeutung gewinnen und daß sich neue Arbeitsfelder für die Sozial- und Humanwissenschaften herausbilden, insofern sie sich mit den Themen individuellen Verhaltens innerhalb der Bevölkerung sowie mit den Beziehungen zwischen einer Bevölkerung und ihrer Umwelt befassen.

Ich will kurz zusammenfassen, was ich zu sagen versucht

habe. Zunächst: Es ist durchaus möglich, politische Rationalität zu analysieren, so wie es ja auch möglich ist, wissenschaftliche Rationalität zu analysieren. Allerdings ist die politische Rationalität mit anderen Formen von Rationalität verknüpft. Ihre Entwicklung hängt zu einem Gutteil von ökonomischen, sozialen, kulturellen und technischen Prozessen ab. Sie verkörpert sich stets in Institutionen und Strategien und hat spezifischen Charakter. Da politische Rationalität die Wurzel einer Vielzahl von Postulaten, von Evidenzen aller Art, von Institutionen und Ideen ist, die wir für gesichert halten, ist es sowohl von theoretischer als auch von praktischer Bedeutung, die historische Kritik, die historische Analyse unserer politischen Rationalität voranzutreiben, die etwas anderes ist als die Diskussion über politische Theorien und auch etwas anderes als die Meinungsunterschiede angesichts verschiedener politischer Grundentscheidungen. Das Scheitern der wichtigsten politischen Theorien darf uns nicht zu unpolitischem Denken verleiten; vielmehr sollten wir uns bewußt machen, wie das politische Denken in unserem Jahrhundert beschaffen ist.

Anzumerken ist, daß das Scheitern der politischen Theorien in der alltäglichen politischen Rationalität weder der Politik noch der Theorie anzukreiden ist, sondern mit dem Rationalitätstypus zusammenhängt, in dem sie gründen. Das in dieser Hinsicht wichtigste Kennzeichen der modernen Rationalität ist weder die Konstitution des Staates, dieses kältesten aller kalten Ungeheuer, noch der Aufstieg des bürgerlichen Individualismus, noch auch das unablässige Bemühen, den Einzelnen in die politische Totalität zu integrieren. Ich glaube, das wichtigste Kennzeichen unserer politischen Rationalität ist, daß die Integration des Individuums in eine Gemeinschaft oder in eine Totalität aus der stetigen Korrelation zwischen einer wachsenden Individualisierung und der Stärkung eben dieser Totalität resultiert. Nur so wird verständlich, weshalb die moderne politische Rationalität mit der Antinomie von Gesetz und Ordnung verträglich ist.

Das Gesetz bezieht sich *per definitionem* stets auf ein Rechtssystem, Ordnung dagegen auf ein Verwaltungssystem, auf die spezifische Ordnung eines Staates, und das entsprach ja durchaus den Vorstellungen der Utopisten zu Beginn des siebzehnten Jahrhunderts und auch den Vorstellungen der sehr realistischen Verwaltungsleute des achtzehnten Jahrhunderts. Ich denke, die Versöhnung zwischen Recht und Ordnung, von der diese Männer träumten, ist dazu verdammt, ein Traum zu bleiben. Es ist nicht möglich, Recht und Ordnung miteinander zu versöhnen, denn wann und wo immer dies versucht wurde, kam es zur Integration des Rechts in die staatliche Ordnung.

Noch eine letzte Bemerkung: Die Entstehung der Sozialwissenschaften läßt sich nicht von der Entstehung der neuen politischen Rationalität und von der neuen politischen Technologie trennen. Wir alle wissen, daß die Ethnologie aus dem Kolonialisierungsprozeß hervorgegangen ist (was nicht heißt, daß sie eine kolonialistische Wissenschaft ist). Und daß wir als lebende, sprechende, arbeitende Wesen zum Objekt verschiedener Wissenschaften werden, hat seinen Grund nicht in einer Ideologie, sondern in der Existenz dieser politischen Technologie, die wir in unseren eigenen Gesellschaften entwickelt haben.

Nachwort von Michel Foucault

Ich möchte sagen, wie dankbar ich denen bin, die mich an diese Universität eingeladen und meinen Besuch auf dem Campus organisiert haben: Präsident Lattie Coor, Professor Luther Martin, Professor Huck Gutman, Professor Patrick Hutton.

Als ich zum erstenmal mit Menschen in den Vereinigten Staaten, genauer: in Burlington, Vermont, zusammentraf, da wurde ich gefragt: »Weshalb haben Sie sich entschlossen, nach Burlington zu kommen?« Und natürlich konnte ich nur mit der Gegenfrage reagieren: »Ja, warum nicht?« Heute freilich habe ich das Gefühl, daß ich die Frage beantworten kann. Ich weiß, daß es gut war, hierher auf diesen Campus zu kommen. Es gibt viele Gründe, weshalb ich meinen Aufenthalt genossen habe: die Arbeit, die wir im Seminar geleistet haben; die Begegnungen mit verschiedenen Departments; die Diskussionen mit Studenten; die Stunden, die ich lesend und manchmal plaudernd in der Bibliothek verbracht habe. All das hat mir die Möglichkeit gegeben, mich mit Hochschullehrern und Studenten in einer Weise auszutauschen, die überaus angenehm und fruchtbar gewesen ist. In diesen Begegnungen habe ich erfahren, daß die meisten von uns dieselben allgemeinen Auffassungen vom Ziel unserer geistigen Arbeit, von der Nützlichkeit interdisziplinärer Forschung und von der Notwendigkeit haben, die Schachtanlagen unserer Kultur aufzuschließen, um Raum für Innovation und Kreativität zu schaffen.

All das hat dazu beigetragen, daß ich eine sehr schöne Zeit in Burlington verbracht habe. Es war eine außerordentlich gute Erfahrung für mich. Ich danke Ihnen.

(Aus Michel Foucaults Abschlußvortrag an der University of Vermont.)

Über die Autoren

MICHEL FOUCAULT war zur Zeit seines Todes im Juni 1984 Professor für die Geschichte der Denksysteme am Collège de France; er hat an zahlreichen Universitäten Europas und der Vereinigten Staaten Vorlesungen gehalten. Neben Interviews und Aufsätzen edierte er einen Seminarband unter dem Titel *Der Fall Rivière. Materialien zum Verhältnis von Psychiatrie und Strafjustiz* (dt. 1975), der als Grundlage für eine Verfilmung diente. Besondere Bekanntheit erlangte Foucault mit seinen Büchern *Wahnsinn und Gesellschaft* (dt. 1969), *Die Ordnung der Dinge* (dt. 1971), *Archäologie des Wissens* (dt. 1973), *Die Geburt der Klinik* (dt. 1973), *Überwachen und Strafen* (dt. 1976) und mit den drei Bänden von *Sexualität und Wahrheit* (dt. 1977–1986).

HUCK GUTMAN, Associate Professor of English an der University of Vermont, lehrt amerikanische Literatur und Literaturtheorie. Er ist Autor von *Mankind in Barbarity: Individual and Society in the Novels of Norman Mailer* (1975) und von Aufsätzen über amerikanische Dichtung. Zur Zeit arbeitet er an einer Geschichte der amerikanischen Literatur und gibt einen Band mit Essays heraus, der internationale Stimmen zur amerikanischen Literatur versammelt.

PATRICK H. HUTTON, Professor of History an der University of Vermont, lehrt französische Geistesgeschichte. Er ist Herausgeber von *An Historical Dictionary of the Third French*

Republic (1986) sowie Autor von *The Cult of the Revolutionary Tradition* (1981) und von Aufsätzen zur Geistesgeschichte und zur Historiographie.

LUTHER H. MARTIN, Professor und Chair of Religion an der University of Vermont, ist Autor von *Hellenistic Religions: An Introduction* (1987) und von Aufsätzen, die sich mit hellenistischen Religionen und mit Religionstheorie befassen. Er ist Mitherausgeber der *Essays on Jung and the Study of Religion* (1985).

RUX MARTIN, Schriftstellerin und Lektorin, besorgte das Sekretariat des Seminars.

WILLIAM E. PADEN, Associate Professor of Religion an der University of Vermont, schreibt an einem Buch über vergleichende Methoden in der Religionsforschung: Konzepte, Strukturen, Varianten; er ist Autor wissenschaftlicher Aufsätze zu Fragen der vergleichenden Religionswissenschaft.

KENNETH S. ROTHWELL, Professor of English an der University of Vermont, ist Mitherausgeber und Gründer der *Shakespeare on Film Newsletter* und Autor von *A Mirror for Shakespeare*, einem Schauspielführer, der siebenundzwanzig der Shakespeareschen Theaterstücke behandelt, sowie von Aufsätzen zur Shakespeare-Forschung. Als Leiter des Shakespeare and Film Seminar auf dem World Shakespeare Congress 1981 in Stratford-upon-Avon edierte er die Seminarbeiträge in einer Sonderausgabe des *Literature/Film Quarterly*. Gegenwärtig arbeitet er an einer internationalen Filmographie und Videographie von Shakespeare-Verfilmungen.